영향력과 설득

일러두기

'emotional intelligence'는 '감성지능, 정서지능' 등으로도 번역되나 이번 How to Live & Work 시리즈에서는 '감정지능'으로 표기하였다. 유사한 경우로 'self-compassion'은 '자기 자비'로(유사 표현: 자기 연민), 'self-awareness'는 '자아 인식'으로(유사 표현: 자기 지각, 자기 인식, 자의식), 'self-knowledge'는 '자기 이해'로(유사표현: 자기 인식) 번역어의 표기를 통일하였다.

HBR'S EMOTIONAL INTELLIGENCE SERIES:
INFLUENCE AND PERSUASION

HOW TO LIVE & WORK #6

영향력과 설득

닉 모건 외 지음   김아영 옮김

말솜씨가 없어도 사람의 마음을 얻는 법

21세기북스

차례

1

영향력의
네 가지 요소를
이해하라

감정이 개입되는 영역

닉 모건 Nick Morgan
작가, 연사 및 코치로 활동 중이며 커뮤니케이션 컨설팅 회사인 퍼블릭 위즈
Public Words의 창립자이자 대표를 맡고 있다.
이 글은 닉 모건의 『권력의 단서Power Cues』에서 발췌하였다.

대화를 주도하려면 침묵을 어떻게 사용해야 하는지 아는 사람들이다. 따라서 영향력이란 단순히 말을 많이 한다고 해서 생기는 것이 아니다. 영향력이란 지위 권력, 감정, 전문 지식, 비언어적 신호의 역할을 이해하고 주도적으로 행사할 때 발생한다. 리더로서 성공하고 싶다면 영향력을 구성하는 이 네 가지 측면을 반드시 숙달해야 한다.

먼저 **지위 권력**positional power을 살펴보자. 지위 권력을 가지고 있다면 영향력은 비교적 자연스레 따라온다. 권력이 있는 사람일수록 말을 많이 하고 대화 중간에 끼어드는 빈도가 높다. 대화 주제를 선정한다든지 하는 식으로 대화를 주도하는 경우도 많다.

지위 권력이 없는 사람일수록 말을 적게 하고 대화 중간에 끼어드는 빈도가 낮으며 대화 주제를 선정하는 경우도 적다. 결국 관심 있는 주제에 대해 더 많이 이야기할 수 있는 권한을 행사하는 것은 지위 권력을 가진 사람들이 이를 보여주는 방법 중 하나다.

지위 권력에 도전하고 싶다면 어떻게 해야 할까? 가령 당신에게 팔고 싶은 제품이나 아이디어나 회사가 있다고 하자. 그리고 당신의 이야기를 들어줄 구매 능력이 있는 사람이 나타났다. 이 같은 상황에서 어떻게 대화의 주도권을 잡을 수 있을까?

영향력의 두 번째 측면은 **감정**emotion이다. 감정은 지위 권력에 대항할 수 있는 방법이자 일반적으로 대화를 주도할 수 있는 방법이다. 상대방이 권력을 쥐고 있을 때 당신이 감정을 지배한다면 둘 사이에는 힘의 균형이 이뤄질 것이다. 실제로 타당한 근거와 철저한 준비가 뒷받침된 상태에서는 열정으로 권한을 능가할 수 있다. 오디션 프로그램에서 무명의 어린 경연 참가자가 심사위원들을 무장 해제시키고 매료시켜 경쟁을 무력화하는 장면을 본 적이 있을 것이다. 경연 참가자는 무대에서 보여주는 감정의 순수성과 힘만으로도 지위 권력을 가진 심사위원들을 침묵케 하고 마음을 사로잡는다. 최후 변론에서 열정적인 변호와 관대함에 대한 호소로 배심원석을 눈물바다로 만들어 승소하는 장면은 할리우드 영화의 클라이맥스에 단골로 등장한다.

열정은 영향력의 세 번째 측면인 **전문 지식**expertise과도 밀접한 관련이 있다. 실제로 열정과 전문 지식을 모두 갖추고 있다면 지위 권력을 쉽게 제치고 대화를 주도할 수 있다. 때때로 자신감이 결여된 전문가의 목소리는 앞다퉈 자기주장을 내세우는 사람들의 아우성에 묻히곤 한다. 따라서 열정이 결여된 전문 지식은 항상 효과적일 수 없다. 인내심이 지나치면 토론이 다 끝난 뒤에야 발언권이 돌아올 수도 있으니 주의해야 한다.

영향력의 네 가지 측면 중에 마지막 측면은 가장 알아차리기 힘들다. 따라서 이 네 번째 요소만 가지고 지위 권력이나 열정을 능가하기란 쉽지 않다. 그러나 드물긴 하지만 이를 능수능란하게 이용해 대화를 장악하는 경우를 목격한 적이 있다. 이게 과연 무엇일까? 바로 사람과 사람 사이에 오가는 상호작용에 관해 완전히 통달하는 것이다.

우리는 영향력의 이 마지막 측면을 거의 의식하지 못하고 살아간다. 그러나 정도의 차이는 있을지언정 우리 모두가 일정 수준의 전문 지식을 가지고 대화에 참여하고 있다. 게다가 우리는 아주 어렸을 때부터 대화는 파드되(발레에서 두 사람이 추는 춤을 이르는 말 – 옮긴이) 즉, 두 사람이 (또는 그 이상이) 함께하는 게임이라는 사실을 배운다. 이 과정에서 두 사람은 숨 쉬고 윙크를 하고 고개를 끄덕이고 눈을 맞추고 고개를 갸웃하고 손짓을 하는 등 미묘한 비언어적 신호를 동원해 의사소통을 한다.

실제로 이런 **비언어적 신호**Nonverbal Signals가 없는 대화는 아주 비효율적이다. 전화 통화가 직접 만나서 나누는 대화보다 훨씬 더 만족스럽지 못하고 콘퍼런스 콜이 필연

적으로 더 많은 끊김, 실수나 혼선을 빚는 이유다. 흔히 상대방이 대화의 바통을 넘겨줄 준비가 됐는가를 판단할 수 있게 도와주는 익숙한 비언어적 신호를 서로 주고받을 수 없기 때문이다.

과연 이 네 번째 측면만을 이용해서 영향력을 행사하는 일이 가능할까? 특정 상황에서 그런 사례를 목격하긴 했지만 대개는 앞서 말한 세 가지 측면이 이 마지막 측면을 압도한다. 그러나 한번은 전 세계에서 내로라하는 연구자들이 모여 IT의 미래를 논의하는 자리에서 어떤 고위 임원이 손쉽게 좌중을 압도하는 장면을 목격한 적이 있다. 불과 몇 분 만에 그 방에 모여 있던 모든 사람이 무의식적으로 그 임원을 우러러보고 있었다. 딱히 지위 권력이 월등히 높다거나 대화 주제에 크나큰 열정을 보인 것도 아니었는데 말이다. 그는 대화에서 주고받는 미묘한 비언어적 신호에 깊이 통달한 인물이었고, 이내 그 자리에 모인 모든 사람이 그의 말 한 마디 한 마디에 장단 맞춰 춤을 추게 만들었다. 아름다운 장면이었다. 완벽한 대화법이란 어떤 것인지를 몸소 보여준 셈이다.

따라서 영향력이란 대화에서 얼마나 많은 지분을 가지고 있느냐를 측정하는 척도이며 우리 대다수는 의식하진 못하지만 이 척도를 측정하는 일에 일가견이 있다. 영향력을 행사하려면 앞서 말한 네 가지 측면 중에 적어도 하나에서는, 가급적이면 하나 이상에서는 우위를 확보해야 한다.

2
설득의 과학

기초적인 행동론으로 돌아가서

by 로버트 치알디니

로버트 치알디니 Robert Cialdini

『설득의 심리학』시리즈와『프리스웨이전Pre-Suasion』의 저자다. 애리조나주립
대학교에서 심리학 및 마케팅 명예 교수로 재직 중이며 글로벌 설득의 과학
컨설팅 회사인 인플루언스 엣 워크INFLUENCE AT WORK에서 회장 및 CEO를 겸하
고 있다.

은 좋은 소수만이 가지고 우리 대다수는 가지지 못한 것이 있다. 재능을 '타고난' 소수만이 본능적으로 청중의 마음을 사로잡고, 아직 입장을 정하지 못한 사람들의 마음을 기울이고, 반대 입장에 선 사람들의 마음을 돌리는 법을 안다. 이러한 설득의 귀재들이 다른 사람을 마법처럼 설득하는 모습을 보면 감탄스러운 동시에 좌절감이 밀려온다. 단순히 이들이 카리스마와 유창한 언변으로 너무나도 수월하게 다른 사람들로 하여금 자신들이 원하는 일을 하게끔 설득한다는 것이 감탄스러운 게 아니다. 심지어 아주 열정적으로 나서게 만든다. 마치 설득 자체가 대단한 호의라도 되는 것처럼 말이다.

안타까운 점은 타고난 설득의 귀재들은 이 놀라운 기술을 다른 사람에게 가르쳐주거나 전수해주지 못하는 경우가 많다는 사실이다. 이들이 다른 사람을 다루는 방식은 일종의 예술이다. 예술가들은 대개 설명하기보다는 직접 나서서 보여주기에 더 뛰어난 사람들이다. 타고난 설득가 대부분은 평범한 수준의 카리스마와 언변을 보유한 채 여전히 리더십의 근본적 과제와 씨름해야 하는 우리 같은 사람들에게 그다지 큰 도움을 주지 못한다. 리더십의 근본적 과제란 다른 사람을 시켜서 일을 해내는 것이다. 저마다 개성이 뚜렷한 부하 직원 개개인에게 동기 부여를 해주고 그들을 이끌 수 있는 방법을 고민하는 일이 일상인 기업 임원에게는 괴로울 만큼 익숙한 과제이기도 하다. '내가 네 상사니까' 카드를 꺼내 들던 시절은 지났다. 설사 모욕적이지도 않고 사기를 저하하지도 않는 방식으로 상사 카드를 꺼내 든다고 하더라도 다기능팀, 합작 투자, 기업 간 파트너십 등으로 권한 소재가 불분명해진 요즘 같은 세상에서는 여전히 시대착오적이란 비난을 면할 수 없다. 오늘날 같은 조직 환경에서 설득의 기술은 과거 권력 구조에서보다 훨씬 더 큰 영향력을 발휘한다.

다시 설득에 관한 이야기로 돌아가서, 지금은 과거 어느 때보다도 설득의 기술이 가장 필요한 때일지도 모른다. 그러나 가장 재능 있는 설득가들이 그 능력을 전수해주지 못한다면 조직을 이끌어가는 임원들은 어떻게 설득의 기술을 습득할 수 있을까? 답은 설득의 과학으로 눈을 돌리는 것이다. 지난 50년 동안 행동과학자들은 실험을 통해 다른 사람으로 하여금 수긍, 순응, 변화하게 만드는 특정한 상호작용에 대해 상당 부분 밝혀냈다. 이러한 연구 결과는 인간의 마음속에 깊이 내재된 몇몇 동기와 욕구에 호소함으로써 설득이 일어나며 그 과정이 예측 가능하다는 사실을 보여준다. 달리 말하면 설득의 기본 원칙을 가르치고 배우고 적용할 수 있다는 뜻이다. 기업 임원들은 이러한 기본 원칙을 숙달함으로써 과학적으로 엄정하게 합의를 도출하고 계약을 맺고 동의를 얻을 수 있다. 이어지는 다음 상에서는 설득의 여섯 가지 근본 원칙을

설명하고 임원들이 각자 몸담고 있는 조직에서 이 원칙을
실천할 수 있는 몇 가지 방법을 제안하려고 한다.

호감의 원칙: 사람들은 자신에게 호감을 보이
는 사람에게 역시 호감을 보인다

진정한 유사점을 찾아서 진정한 칭찬을 건네라

타파웨어 파티Tupperware party라고 알려진 유통 현상은
이 원칙을 생생하게 증명한 사례다. 가정용 플라스틱 용
기 업체인 타파웨어의 판매원은 자신의 집에서 파티를 열
고 고객이나 이웃, 친척을 초대해 타파웨어를 직접 선보
인다. 판매원이자 파티 주선자는 대개 여성이다. 초대된
손님들이 파티 주선자에게 가진 호감은 타파웨어 구매로
이어진다. 1990년에 타파웨어 파티에서 이뤄지는 구매
결정을 연구한 논문에서 이 사실을 입증했다. 조너선 프
렌즌Jonathan Frenzen과 해리 데이비스Harry Davis가 「소비
자 연구 저널Journal of Consumer Research」에 게재한 이 논문

은 파티 주선자에 대한 손님들의 호감이 제품에 대한 평가보다 구매 결정에 두 배나 더 중요한 요소로 작용한다는 사실을 밝혀냈다. 따라서 타파웨어 파티에 초대된 손님들은 소비자인 본인을 만족시키기 위해서뿐만 아니라 판매자인 파티 주선자를 만족시키기 위해서도 구매를 한다는 것이다.

이 타파웨어 파티 현상은 일반적인 비즈니스에서도 동일하게 나타난다. 즉, 사람들에게 영향력을 미치고 싶다면 친구가 되면 된다. 어떻게?

통제 연구는 호감을 증가시키는 신뢰할 만한 요인을 몇 가지 규명했지만 그중에서 특히 두드러진 요인 두 가지는 유사점과 칭찬이었다. 유사점은 말 그대로 서로를 끌리게 한다. 1968년 「성격 저널Journal of Personality」에 게재된 실험에 따르면 참가자들은 정치적 신념과 사회적 가치관이 서로 비슷하다는 사실을 알고 난 뒤에 물리적으로 더 가까이 붙어 섰다고 한다. 1963년 F. B. 에번스F. B. Evans는 「미국 행동 과학자American Behavioral Scientists」지에 실린 논문을 통해 보험회사에서 제공한 인구통계 데이터를 분석한 결과 예비 고객이 나이, 종교, 정치 성향, 심지어 흡연 습관이라도 본인과 닮은 구석이 있는 판매원에게 보험을 들려는 경향이 있다는 사실을 입증했다.

　조직에서 관리자는 신입 사원이나 다른 부서장 혹은 새로운 상사와 관계를 맺을 때 유사점을 이용해 유대감을 형성할 수 있다. 평일 근무 시간에 나누는 일상적인 대화는 공통점을 하나라도 발견하기에 더할 나위 없이 좋은 기회다. 공통된 관심사는 취미가 될 수도 있고 대학 농구팀이 될 수도 있고 〈사인펠드Seinfeld〉(미국에서 1989년부터 10년간 방영된 인기 시트콤 – 옮긴이) 재방영이 될 수도 있다. 중요한 것은 이 유대감을 관계 초기에 형성하는 것이다. 초기에 형성된 유대감은 이후 모든 만남에서 호의와 신뢰의 바탕이 되기 때문이다. 새로운 과제를 추진할 때 설득해야 하는 상대방이 벌써 당신에게 호감을 가지고 있다면 지지를 얻기가 훨씬 쉬워진다.

　칭찬은 호감을 얻을 수 있는 또 다른 신뢰할 만한 요인으로 상대방을 매료하거나 무장해제시킬 수 있다. 심지어 칭찬은 진실하지 않아도 통한다. 노스캐롤라이나대학교 연구진이 「실험 사회심리학 저널Journal of Experimental Social Psychology」에 기고한 연구에 따르면 사람들은 진실 여부에 관계없이 자신을 아낌없이 칭찬해준 사람에게 가장 큰 호감을 느끼는 것으로 드러났다. 게다가 엘런 버샤이드Ellen Berscheid와 일레인 햇필드 월스터Elaine Hatfield Walster가 집필한 『대인 매력Interpersonal Attraction』이라는 저서에서는 상대방의 특성, 태도, 성과에 대한 긍정적인 발언이 발언자를 향한 호감뿐만 아니라 발언자의 부탁에 대한 호의적인 반응으로 되돌아온다는 사실을 뒷받침하는 실험 결과가 제시되기도 했다.

유능한 관리자라면 칭찬을 활용해 유익한 관계를 맺을 수 있을 뿐만 아니라 손상되거나 무익한 관계까지도 회복시킬 수 있다. 당신이 조직 내에서 꽤 규모가 큰 부서의 관리직을 맡고 있다고 상상해보자. 업무 특성상 또 다른 관리자(편의상 댄이라고 부르자)와 접촉할 일이 많지만 당신은 댄을 좋아하지 않는다. 댄에게는 아무리 잘해줘도 흡족한 반응이 돌아오지 않는다. 더 최악인 것은 댄은 당신이 그를 위해 최선을 다하고 있다는 사실을 전혀 믿지 않는 것 같다는 점이다. 이처럼 당신이 지닌 능력이나 선의를 신뢰하지 않는 시큰둥한 댄의 태도에 화가 난 당신은 그러면 안 된다는 사실을 알면서도 댄과 업무적으로 필요한 만큼 충분한 시간을 보내지 않는다. 그 결과 댄의 부서와 당신의 부서 모두 성과가 떨어지고 있는 상황이다.

칭찬에 관한 연구는 이러한 관계를 개선할 수 있는 전략을 제시한다. 찾기 어려울 순 있지만 댄에게도 부서 직원을 잘 챙긴다든지 가정적이라든지 하다못해 직업의식이 투철하다든지와 같은 당신이 진심으로 존경할 만한 점이 하나쯤은 있을 것이다. 다음번에 댄을 마주친다면 그 점에 대해 칭찬의 말을 건네보라. 이때 최소한 댄이 가치 있게 생각하는 것을 당신도 가치 있게 여긴다는 사실을 명확하게 표현해야 한다. 그러면 댄도 분명히 당신에게만 유난히 부정적인 태도를 누그러뜨리고 당신의 능력과 선의를 설득시킬 수 있을 만큼 마음의 문을 열 것이다.

받고 싶은 대로 주어라

칭찬으로 댄의 마음이 따뜻하고 말랑말랑해지는 효과가 나타날 수 있다. 아무리 고집불통이라고 해도 댄 역시 인간이며 대접받은 대로 대접하고 싶어지는 것이 인간의 보편적 마음이기 때문이다. 당신을 향해 먼저 미소 짓는 직장 동료를 보고 저도 모르게 따라서 미소를 지은 적이 있다면 이 원칙이 어떻게 작동하는지 알 것이다.

자선단체는 이 보답하고자 하는 마음을 이용해 기금을 모금한다. 예를 들어 미국 상이 군인회Disabled American Veterans는 수년 동안 잘 쓰인 편지 한 통만으로 기부를 부탁했고 기부 참여율은 18퍼센트로 매우 준수한 편이었다. 그런데 편지 안에 작은 선물을 동봉하기 시작한 이후로 기부 참여율은 거의 두 배에 달하는 35퍼센트로 증가했다. 선물 자체는 개인 맞춤형 주소 스티커로 매우 약소한 것이었다. 그러나 그토록 커다란 차이를 만들어낸 것은 잠재 기부자가 무슨 선물을 받았느냐가 아니었다. 중요한 것은 무엇이든 받았다는 사실이었다.

이 같은 원칙을 기업에 적용해도 동일한 효과를 볼 수 있다. 연말이면 공급 업체들이 구매 담당 부서에 선물 공세를 하는 이유는 들뜬 연말 분위기에 휩쓸린 탓만은 아니다. 1996년에 구매 담당자들은 「Inc.」라는 잡지와의 인터뷰에서 공급 업체에게 선물을 받은 뒤에는 평소 같았으면 거절했을 제품과 서비스 구매 권유를 수락하게 되는 경향이 있다고 밝혔다. 선물은 고용 유지에도 효과가 뛰어나다. 나는 내 책을 읽은 독자들에게 직장에서 이 상호성의 원칙을 경험한 적이 있다면 제보해달라고 부탁했다. 오리건주 정부에서 일한다는 한 독자에게 받은 편지에는 자신이 상사에게 충성을 다하는 이유가 다음과 같이 적혀 있었다.

제 상사는 저와 제 아들의 크리스마스 선물과 제 생일 선물을 꼬박꼬박 챙겨줍니다. 현재 직책으로는 승진할 길이 없기 때문에 승진을 하려면 다른 부서로 이동해야만 합니다.

하지만 부서 이동을 망설이는 제 자신을 발견하곤 합니다. 제 상사는 은퇴 정년을 바라보고 있는지라 그 이후에 부서 이동을 하면 좋겠다고 생각하고 있습니다. (중략) 지금 당장은 상사가 제게 너무나도 잘해주기 때문에 지금 부서에 남아 있어야만 할 것 같습니다.

그러나 궁극적으로 선물은 상호성의 원칙을 투박하게 적용한 사례에 불과하다. 더 세련되게 적용하면 어느 관리자라도 사무실에서 긍정적인 태도와 생산적인 인간관계를 조성하고자 할 때 선점 효과를 누리게 된다. 즉, 관리자는 직장 동료나 부하 직원에게 바라는 행동을 솔선수범해 보여줌으로써 해당 행동을 이끌어낼 수 있다. 부하 직원에게서 기대하는 바가 신뢰감 있는 행동이든 협동 정신이든 상냥한 태도든지 간에 리더라면 먼저 본보기가 돼야 한다.

정보 전달이나 자원 할당 문제에서도 마찬가지다. 일손이 모자라 마감에 쫓기는 동료에게 부하 직원 한 명을 보내 도와준다면 나중에 당신이 도움을 필요로 할 때 도움

받을 가능성을 상당히 높일 수 있다. 도움을 받은 동료가 감사를 전할 때 이렇게 말한다면 그 가능성은 더 높아질 것이다.

"천만에요. 도움이 됐다니 기쁘네요. 제가 필요할 때도 도움을 받을 곳이 있다는 사실이 얼마나 큰 힘이 되는지 아니까요."

사회적 증거의 원칙: 사람들은 비슷한 타인의 선택을 따라간다

가능할 때마다 또래 집단을 활용하라

사회적 동물인 인간은 어떻게 생각하고 느끼고 행동할지를 결정할 때 주변 사람에게 크게 의존한다. 우리는 이 사실을 직관적으로 이미 알고 있지만 실험으로도 증명된 바 있다. 그중 하나가 1982년 「응용심리학 저널Journal of Applied Psychology」에 최초로 게재된 실험이다. 연구자들은 사우스캐롤라이나주에 위치한 컬럼비아라는 도시의 여러 가정집을 방문해 자선단체에 기부를 부탁하면서 이미 기부에 참여한 이웃 주민 명단을 보여줬다. 그 결과 명단이 길수록 명단을 받아든 사람이 기부에 참여할 확률이 높아졌다.

기부를 부탁받은 사람들에게 기부자 명단에 적힌 친구와 이웃의 이름은 기부 요청에 어떻게 반응할지를 결정짓는 일종의 사회적 증거로 작용했다. 그러나 명단에 이름도 얼굴도 모르는 불특정 다수의 이름이 적혀 있었다면 설득 효과는 거의 없었을 것이다.

1960년대에 「성격 및 사회심리학 저널Journal of Personality and Social Psychology」에 처음으로 게재된 실험에서는 뉴욕시 거주자들에게 분실된 지갑의 원래 주인을 찾아 돌려주라고 부탁했다. 다른 뉴욕시 거주자가 지갑의 주인을 찾아주려고 했다는 사실을 알려줬을 때 실험 참가자들 역시 지갑의 주인을 찾아주려고 시도할 확률이 높아졌다. 그러나 외국인이 지갑의 주인을 찾아주려 했다는 사실은 어느 쪽으로든 실험 참가자들의 결정에 영향을 주지 않았다.

기업 임원이라면 이 두 가지 실험에서 또래 집단의 설득이 매우 효과적이라는 교훈을 얻을 수 있을 것이다. 이러한 과학적 연구 결과는 대부분의 영업 사원이 이미 알고 있는 사실을 뒷받침해준다. 바로 서비스나 제품에 만족한 기존 고객과 잠재 고객이 비슷한 처지에 놓여 있을 때 기존 고객의 후기가 가장 효과적이라는 사실이다. 이는 신규 기업 과제를 맡은 관리자에게도 도움이 될 수 있다.

가령 부서 업무 처리 과정을 개선하려고 한다고 가정해보자. 그러자 근무 연차가 높은 직원들이 반발하고 나섰다. 이때 업무 처리 과정을 개선하면 어떤 장점이 있는지를 설명하기보다 이를 지지하는 근무 연차가 높은 직원 한 명에게 팀 회의에서 동료들을 설득해달라고 부탁하라. 상사보다 동료의 발언이 훨씬 설득력이 높다. 요약하자면 영향력은 때때로 수직적 관계에서보다 수평적 관계에서 가장 잘 발휘된다.

약속을 적극적이고 공개적이고 자발적으로 만들어라

호감은 강력한 힘이지만 단순히 다른 사람들로 하여금 당신이라는 사람 자체 혹은 당신의 아이디어나 제품에 호감을 느끼게 만드는 것이 설득의 전부는 아니다. 다른 사람들이 당신을 좋아하게 만들어야 할 뿐만 아니라 당신이 상대방에게 바라는 행동을 하도록 만들어야 한다. 상대방이 당신의 부탁을 들어줄 수밖에 없도록 만드는 좋은 방법 중 하나는 호의를 베푸는 것이다. 그리고 또 다른 방법은 공개적인 자리에서 약속을 얻어내는 것이다.

내가 연구한 바에 따르면 대부분의 사람들은 일단 한번 정한 입장이나 공개적으로 표명한 입장을 계속 고수하길 선호하는 것으로 나타났다. 여기서 더 나아가 작고 사소해 보이는 약속이 미래의 행동에 강력한 영향을 미칠 수 있음을 보여주는 또 다른 연구들도 있다. 1983년에 「성격 및 사회심리학 저널」에 발표된 연구에서 이스라엘 연구진은 대형 아파트 단지에 거주하는 입주민 가운데 절반에게만 장애인을 위한 레크리에이션 센터 건립을 추진하는 청원서에 서명을 부탁했다. 취지도 좋았고 어려운 일도 아니었으므로 거의 모든 입주민이 서명에 동참했다. 그로부터 2주 뒤 장애인을 위한 '전국 기부의 날'을 맞아 연구진은 이 아파트 단지에 사는 모든 입주민을 방문해 기부를 요청했다. 앞서 청원서에 서명을 부탁받지 않았던 입주민 가운데는 절반이 조금 넘는 수가 기부에 동참했다. 그런데 놀랍게도 탄원서에 서명을 부탁받았던 입주민 중에서는 92퍼센트가 기부에 동참했다. 서명에 동참한 행위는 적극적이고 공개적이고 자발적인 약속이었으므로 입주민들은 그 약속에 따라 살아야 한다는 의무감을 느꼈던 것이다. 적극성, 공개성, 자발성 이 세 가지 측면은 따로 살펴볼 가치가 있다.

적극적인 선택 즉, 입 밖으로 크게 소리 내어 말했거나 글로 적었거나 아니면 다른 어떤 식으로든 명시한 선택은 같은 선택이라도 명시하지 않은 선택보다 미래의 행동에 영향을 미칠 가능성이 훨씬 높다는 사실을 보여주는 실험적 증거가 있다. 1996년 「성격 및 사회심리학 저널」에 게재한 실험에서 델리아 치오피Delia Cioffi와 랜디 가너Randy Garner는 대학생을 두 그룹으로 나눈 다음 한 그룹에게는 공립학교를 대상으로 하는 에이즈 교육에 자원봉사자로 참가하겠다는 문장을 직접 기입한 서류를 제출하게 했다. 다른 그룹에게는 참가하고 싶지 않다는 문장을 적는 칸을 공란으로 비워둠으로써 자원봉사 참가 의사를 표시한 서류를 제출하게 했다. 며칠 후 실제로 자원봉사자로 참가한 학생들을 조사해보니 74퍼센트가 자원봉사에 참가하겠다는 의사를 문장으로 직접 기입한 그룹의 학생들이었다.

특정 행동 방침을 따르도록 부하 직원을 설득하고자 하는 관리자에게 이 같은 실험 결과가 시사하는 바는 뚜렷하다. 바로 글로 서약하게 하라는 것이다. 예를 들어 부하 직원이 보고서를 제때제때 제출하길 원한다고 가정해보자. 부하 직원도 동의한다면 마음먹은 일을 짧게 요약해 상사인 당신에게 보내달라고 부탁하라. 그러면 부하 직원이 약속을 지킬 가능성을 크게 높일 수 있을 것이다. 왜냐하면 사람들은 대개 글로 작성한 내용은 지키면서 살려고 노력하기 때문이다.

　약속의 사회적 차원에 대한 연구는 서약서가 공개될 경우 그 효과가 더욱 강력해진다고 주장한다. 1955년 「이상 및 사회심리학 저널Journal of Abnormal and Social Psychology」에 게재된 한 고전적인 실험에서는 대학생들에게 화면에 보이는 선의 길이를 추측해보라고 한다. 일부 학생들에게는 추측값을 종이에 적고 서명을 한 뒤에 실험자에게 제출하도록 했다. 다른 학생들에게는 쓰고 지울 수 있는 조그만 칠판에 추측값을 쓴 다음 바로 지우도록 했고, 또 다른 학생들에게는 추측값을 속으로만 생각하도록 했다.

　이어서 실험자들은 이 세 그룹의 학생들에게 처음에 추측한 값이 틀렸을 수도 있다는 증거를 제시했다. 추측값을 단순히 속으로만 생각했던 그룹이 원래 추측값을 가장 많이 바꿨다. 작은 칠판에 추측값을 썼다가 바로 지운 그룹에서는 원래 추측값에 충실한 학생 비중이 조금 더 높았다. 그러나 추측값을 종이에 적은 다음 서명까지 해서 실험자에게 제출했던 그룹에서는 압도적인 수가 원래 추측값을 바꾸길 주저했다.

이 실험은 대부분의 사람들이 타인의 눈에 일관성 있는 사람으로 비치고 싶어 한다는 사실을 보여준다. 보고서를 늦게 제출하는 부하 직원 문제로 돌아가보자. 이러한 욕망이 지닌 힘을 인지했다면 부하 직원에게 보고서를 기한에 맞춰 제출해야 할 이유를 설득시킨 다음에 이 약속을 꼭 지킬 수 있도록 공개적으로 만들어야 한다. 한 가지 방법은 부하 직원에게 '자네가 세운 계획이 마침 우리에게 딱 필요한 계획인 것 같아서 제조 부서에 있는 다이앤과 운송 부서에 있는 필에게 보여줬다네'라는 내용의 이메일을 보내는 것이다. 약속은 어떤 식으로든 공식화해야 결코 혼자서 다짐하고 돌아서면 포기해버리는 새해 다짐처럼 되지 않는다. 약속은 공개적으로 선언하고 눈에 띄는 곳에 적어둬야 한다.

300년도 훨씬 넘은 새뮤얼 버틀러Samuel Butler의 이행시는 약속이 지속되고 효과가 있으려면 자발적이어야만 하는 이유를 간단명료하게 설명해준다.

"하기 싫은 일을 마지못해 하는 사람은/ 자신의 생각을 표현하지 않는 사람이다."

외부의 강요로 어떤 일을 한다면 그건 약속이 아니라 원치 않는 부담이다. 직장 상사가 당신에게 특정 정치인에게 기부하라고 강요한다면 어떨지 생각해보라. 투표소에 들어갔을 때 과연 그 후보를 찍고 싶은 마음이 들겠는가? 아마도 그렇지 않을 것이다. 샤론 브렘Sharon S. Brehm과 잭 브렘Jack W. Brehm은 『심리적 반발Psychological Reactance』에서 특정 후보를 지지하라는 상사의 강요에 단순한 반발심으로 반대 진영 후보에게 투표하게 된다는 사실을 보여주는 데이터를 제시했다.

직장에서도 이러한 반발이 일어날 수 있다. 늑장을 부리는 부하 직원의 예로 돌아가보자. 부하 직원의 행동에 지속적인 변화가 일어나길 원한다면 협박이나 압박 전술은 피해야 한다. 협박이나 압박으로 행동이 바뀔 수는 있어도 부하 직원은 그 변화가 개인적인 다짐의 결과라기보다는 협박의 결과라고 인식한다. 더 나은 접근법은 부하 직원이 직장 생활에서 진심으로 가치 있게 여기는 것(완벽주의나 팀 정신 등)이 무엇인지를 알아낸 다음 보고서를 제때 제출하는 일이 그 가치와 어떻게 일치하는지를 설명해주는 것이다. 그러면 부하 직원은 보고서를 제때 제출하는 일의 가치를 이해하고 스스로 행동을 개선해야 할 이유를 찾을 수 있다. 게다가 스스로 이유를 납득한 일이니만큼 상사가 감시하지 않더라도 꾸준한 행동 변화를 보여줄 것이다.

권위의 원칙: 사람들은 전문가를 존중한다

전문 지식을 적극적으로 드러내라. 드러내지 않아도 알아줄 것이라고 가정하지 마라

2,000년 전 로마 시인 베르길리우스는 올바른 선택을 하고자 하는 이들에게 다음과 같은 단순한 조언을 건넸다. "전문가를 믿어라."

상황에 따라 좋은 조언일 수도 있고 아닐 수도 있지만 사람들의 실제 행동을 설명하기에는 손색이 없는 말이다. 예를 들어 뉴스에서 공인된 전문가가 나와 어떤 주제에 관한 의견을 제시했을 때 그 의견이 여론에 미치는 효과는 엄청나다. 1993년 「여론 연구Public Opinion Quarterly」 에 실린 연구에 따르면 「뉴욕타임스」에서 인용한 전문가 한 명의 의견이 전국적으로 2퍼센트의 여론 변화를 이끌 어내는 것으로 나타났다. 또한 1987년 「미국 정치학 회보 American Political Science Review」에 게재된 논문은 전문가 의 견이 전국적으로 TV에 방영될 경우 여론은 4퍼센트까지 바뀔 수 있다는 사실을 밝혀냈다. 냉소주의자는 이러한 연구 결과가 대중의 줏대 없는 복종성을 증명할 뿐이라고 주장할 수도 있다. 그러나 바쁘고 복잡한 현대 생활에서 잘 선별된 전문가 의견은 좋은 의사결정을 내릴 때 가치 있고 효율적인 지름길을 제시한다는 설명이 더 타당하다. 실제로 법률, 금융, 의료, 기술 등 상당한 전문 지식이 필 요한 분야에서는 전문가에게 의존할 수밖에 없다.

전문가 의견을 따를 만한 이유는 충분하므로 기업 임 원들은 영향력을 행사하기 전에 고유한 전문 지식을 쌓기 위해 노력해야 한다. 사람들은 놀라우리만치 자주 타인이 자신의 경험을 알아주고 인정해줄 거라고 가정한다. 나와 동료들이 컨설팅을 제공했던 한 병원에서도 그랬다. 물리치료사들은 병원 문을 나서자마자 재활 훈련을 그만두는 뇌졸중 환자들 때문에 심각한 고민에 빠져 있었다. 물리치료사들이 신체의 독립적인 기능을 회복하려면 가정에서도 규칙적인 재활 운동을 하는 것이 중요하다고 아무리 강조해도 환자들은 도무지 듣지를 않았다.

일부 환자들과 인터뷰를 진행한 결과 우리는 문제를 진단할 수 있었다. 환자들은 담당 외과의의 경력은 잘 알고 있었지만 재활 운동을 권하는 물리치료사들의 전문성에 대해서는 거의 아는 바가 없었다. 이러한 정보 부족에 대한 처방은 간단했다. 우리는 수석 물리치료사에게 치료실 벽에 모든 물리치료사의 수상 경력, 졸업장, 인증서를 전시하라고만 했다. 결과는 놀라웠다. 운동 처방에 순순히 따르는 환자 비율이 34퍼센트나 증가했고 이 숫자는 지금까지도 유지되고 있다.

특히 흡족했던 점은 운동 처방을 지키는 환자 수의 증가율뿐만 아니라 그러한 결과를 이끌어낸 방법이었다. 우리는 환자를 속이지도 협박하지도 않았다. 단지 **정보를 제공**했을 뿐이다. 새로이 바꾼 것은 아무것도 없었다. 추가적인 시간이나 자원을 투입하지도 않았다. 물리치료사들의 전문 지식은 이미 존재했고 우리가 한 일이라곤 그 사실이 눈에 더 잘 띄도록 만들어준 것뿐이었다.

관리자의 경우에는 전문 지식을 주장하는 일이 조금 더 까다롭다. 단순히 벽에 졸업장을 걸어놓고 모두가 알아주길 기다릴 순 없다. 약간의 섬세함이 요구된다. 미국 외 국가에서는 첫 거래를 하기 전에 서로 사적으로 어울리며 시간을 보내는 것이 관습이다. 보통 회의나 협상 전날에 함께 저녁을 먹곤 한다. 이러한 모임은 협상을 수월하게 만들어주고 의견 충돌을 완화해준다(앞서 언급한 호감의 원칙을 떠올려보라). 또한 전문성을 확립할 수 있는 기회를 제공하기도 한다. 그 기회란 내일 회의에서 논의할 안건과 비슷한 문제를 성공적으로 해결했던 일화를 풀어놓는 일이 될 수도 있다. 아니면 저녁 식사 자리에서 오랜 시간에 걸쳐 복잡한 분야를 어떻게 정복했는지를 이야기하는 일이 될 수도 있다. 단, 거들먹거리지 않고 서로 주고받는 대화 속에서 자연스럽게 말이다.

서로를 소개할 수 있는 시간이 언제나 충분히 주어지는

것은 아니다. 그러나 대부분의 경우 본격적인 회의에 앞서 가볍게 만나 대화하는 자리에서도 자신의 경력이나 경험을 자연스럽고 간단하게 소개할 기회는 얼마든지 있다. 신상 정보를 상대에게 처음으로 밝히는 이러한 첫 만남은 본격적인 만남 전에 상대에게 당신이 전문성을 갖추고 있다는 인상을 심어줄 수 있는 기회이기도 하다. 그러면 협상이 실제 비즈니스로 전환될 때 당신이 하는 말은 합당한 신뢰성을 얻게 될 것이다.

역사와 설득 전문가들

수십 년 동안 행동과학자들이 엄정한 경험적 연구에 매진한 덕분에 설득의 방법과 근거에 대한 우리의 이해는 그 어느 때보다도 넓고 깊고 자세하다. 그러나 행동과학자들이 이 분야를 처음으로 연구하기 시작한 것은 아니다. 설득학 연구는 고대부터 명예스러운 일이었으며 수많은 영웅과 순교자가 그 계보를 이어 왔다.

사회적 영향력 분야의 유명한 학자 윌리엄 맥과이 어William McGuire는『사회심리학 핸드북Handbook of Social Psychology』3판을 통해 4,000년이 넘는 서구의 기록 역사에서 설득학이 기교craft로써 번영했던 시대를 모으면 4세기에 이른다고 주장한다. 첫 번째는 페리클레스 시대 아테네, 두 번째는 로마공화정 시대, 세 번째는 르네상스 시대 유럽, 마지막은 대규모 광고, 정보, 대중매체 캠페인과 함께 시작됐다가 최근에 막을 내린 지난 수백 년이다.

이전 세 번의 시대에 인류는 체계적인 설득학으로 눈부신 성취를 꽃피웠지만 설득의 대가들은 번번이 정치적 압제에 목숨을 잃었다. 아마도 정치권력과 충돌한 설득 전문가 가운데 가장 잘 알려진 이는 철학자 소크라테스일 것이다.

설득 과정에 대한 지식은 정치권력과는 아예 별도로

권력의 기반을 형성하기 때문에 위협이 될 수 있다. 이전 시대에 통치자들은 세력을 결집시키는 방법을 완전히 이해하고 영향력을 가진 반대편의 인물을 제거하는 데 주저하지 않았다. 이러한 인물은 드물게도 영리하게 언어를 선택하는 능력, 전략적으로 정보를 배치하는 능력, 그리고 무엇보다 심리학적 통찰 등 국가의 수장이 절대 독점할 수 없는 능력을 소유하고 있었다.

오늘날에는 설득 전문가라고 해서 정치권력자에게 위협받지 않는다는 주장은 인류의 본성을 과신한 것일지도 모르겠다. 그러나 설득 전문가가 예전보다는 마음 놓고 편히 숨을 쉴 수 있는 이유는 더 이상 설득에 관한 진리가 몇몇 뛰어난 개인의 소유물이 아니기 때문이다. 실제로 권력자 대부분은 현재 권력을 유지하고 싶어 하므로 설득의 기술을 폐기하기보다는 습득하는 데 더 관심이 많다.

유일무이한 혜택과 독점적인 정보를 강조하라

수많은 연구가 물건과 기회는 희소할수록 가치가 높아 보인다는 사실을 보여준다. 관리자에게는 더할 나위 없이 유용한 정보다. 조직 내의 관리자는 제한된 시간, 제한된 공급, 유일무이한 제안에 해당하는 등가물에서 희소성의 원칙을 활용할 수 있다. 예를 들어 직장 동료에게 상사가 긴 휴가를 떠나기 전에 잘 보일 만한 가능성이 있다는 등 얼마 남지 않은 기회에 대한 정보를 주면 즉각적인 행동을 이끌어낼 수 있는 것이다.

관리자는 소매업자로부터 소비자가 주어진 정보를 바탕으로 행동했을 때 얻을 수 있는 것이 아니라 행동하지 않았을 때 잃을 수 있는 것에 초점을 두고 제안하는 법을 배울 수 있다. 이 '손실의 언어loss language'가 지닌 효과는 1988년 「응용심리학 저널」에 실린 캘리포니아에서 주택을 소유한 사람들을 대상으로 한 연구에서 증명됐다. 이들 중 절반에게는 집 전체에 단열 공사를 하면 매일 일정 금액을 절약할 수 있다고 했고, 나머지 절반에게는 단열 공사를 하지 않으면 매일 일정 금액 손해를 보게 된다고 말했다. 실제 단열 공사를 시행한 사람 가운데는 손실의 언어에 노출됐던 사람 비율이 훨씬 높았다. 기업 환경에서도 똑같은 현상이 일어난다. 1994년 「조직행동과 의사결정 과정Organizational Behavior and Human Decision Processes」에 발표된 한 연구에 따르면 관리자의 의사결정 과정에서 잠재적 이득보다는 잠재적 손실이 훨씬 더 중요하다.

또한 임원들은 제안을 할 때 독점적인 정보가 보편적으로 접근 가능한 데이터보다 훨씬 설득력이 높다는 사실을 기억해야 한다. 내가 지도했던 박사과정 학생 암람 크니신스키Amram Knishinsky는 1982년에 소고기 도매업자의 구매 의사결정에 관해 학위 논문을 썼다. 소고기 도매업자들은 해외 기후 조건 때문에 가까운 미래에 수입산 쇠고기 부족이 예상된다는 정보를 입수하자마자 주문량을 두 배 이상 늘렸다. 그러나 아직 아무도 이 정보를 모른다는 이야기를 듣고는 주문량을 여섯 배나 늘렸다.

아직 널리 알려지지 않은 정보를 입수했고 이 정보가 조직이 채택하고자 하는 아이디어나 과제에 유리한 정보라면 어느 관리자든지 독점성이 지닌 설득력을 활용할 수 있다. 다음번에 이러한 정보가 당신 손에 들어온다면 조직의 핵심 인물을 소집하라. 별것 아닌 것처럼 들리는 정보일지라도 독점적이라면 특별해진다. 그리고 정보를 건네며 이렇게 말하라. "오늘 막 이 보고서를 입수했습니다. 다음 주까지는 비공개라고 하더군요. 하지만 여러분께서 일찍 들여다볼 수 있으면 좋지 않을까 싶었습니다."

그러고 나서 몸을 기울여 청중을 바라봐라.

여기서 분명히 강조하고 넘어가야 할 점이 있다. 거짓으로 독점적 정보나 지금 행동하지 않으면 영영 놓치고 마는 기회가 있다고 꾸며내서는 안 된다. 동료를 속여서 원하는 행동을 이끌어내는 것은 윤리적으로도 옳지 않을 뿐만 아니라 굉장히 무모하다. 속임수가 발각된다면(언젠가는 발각되게 돼 있다) 거짓된 제안으로 타올랐던 열정은 바로 사그라질 것이다. 게다가 하루아침에 신뢰를 잃게 될 것이다. 앞서 말한 상호성의 원칙을 기억하라.

이 여섯 가지 설득의 원칙은 전혀 난해하거
나 모호하지 않다. 오히려 사람들이 정보를 평가하고 의
사결정을 내리는 방식에 대해 우리가 직관적으로 이해하
고 있는 바를 깔끔하게 정리해서 보여준다. 그러므로 이
여섯 가지 설득의 원칙은 공식적으로 심리학 교육을 받은
적이 없더라도 대부분의 사람들이 쉽게 이해할 수 있다.
그러나 세미나와 워크숍을 주최하면서 깨달은 두 가지 사
실이 있다.

첫 번째는 비록 명확성을 위해 여섯 가지 설득의 원칙
과 적용을 따로따로 설명하긴 했지만 설득력을 높이려면
복합적으로 적용해야 한다는 점이다. 예를 들어 전문 지
식의 중요성을 이야기할 때 나는 관리자들에게 비공식적
인 친교 자리에서 전문성을 확립하라고 제안했다. 그러나
이러한 자리는 정보를 획득하고 전달하기에 좋은 기회이
기도 하다. 저녁 식사 자리에서 당신이 업무에 필요한 능
력과 경험을 가지고 있다는 사실을 보여주면서 동시에 상

대방의 경력과 호불호에 대해서도 알아낼 수 있다. 이 같은 정보는 실제 유사점을 찾아서 진심 어린 칭찬을 하는 데 도움이 된다. 당신의 전문성이 수면 위로 드러나게 하는 동시에 관계를 쌓는다면 설득력은 두 배로 높아진다. 게다가 저녁 식사를 함께한 사람을 포섭하면 사회적 증거가 지닌 설득력으로 다른 사람까지 설득할 수 있다.

두 번째로 강조하고 싶은 점은 윤리의 법칙은 다른 기술 분야와 마찬가지로 사회적 영향력의 과학에도 적용된다는 사실이다. 타인을 속여서 동의를 얻어내는 것은 윤리적으로 옳지 않을 뿐만 아니라 실질적인 관점에서도 현명하지 못하다. 부정적이거나 고압적인 전술은 효과가 있다고 하더라도 단기적이다. 장기적으로 보면 오히려 해롭다. 특히 바탕에 깔린 신뢰와 협력 없이는 제대로 기능할 수 없는 조직이라면 더욱 그렇다.

이를 생생하게 보여주는 사례가 있다. 내가 주최한 교육 워크숍에 참여한 어느 대형 섬유 제조 업체의 부서장이 들려준 이야기다. 이 기업의 부사장은 매우 교묘한 방식으로 부서장들에게서 공약을 받아내는 인물이라고 한다. 부하 직원들에게 신중하게 제안을 논의하거나 생각할 시간을 주는 대신 일과 중 가장 바쁜 시간에 찾아와 자신이 추진하는 계획의 이점을 지나치게 세세하게 늘어놓은 다음에 결정적인 한마디를 날리는 것이다.

"내가 이 계획을 추진하는 데 있어서 내 팀원인 당신을 만나는 일은 매우 중요합니다. 당신이 이 계획을 지지해 주리라 믿어도 되겠죠?"

주눅 들고 지친 나머지 한시라도 빨리 사무실에서 부사장을 쫓아내고 싶은 마음이 굴뚝같은 부서장들은 마지못해 부사장의 요구에 응한다. 그러나 결코 자발적으로 이뤄진 약속이 아니기 때문에 부서장들은 약속을 지키지 않았고 그 결과 부사장이 추진한 과제는 모두 무산되거나 흐지부지됐다.

이 이야기는 당시 워크숍에 참가했던 사람들에게 깊은 인상을 남겼다. 일부 참가자는 스스로의 행동을 떠올린 듯 충격을 받은 것 같았다. 그러나 그 자리에 모인 모두를 침묵케 한 건 상사의 제안 때문에 받았던 타격을 이야기하는 부서장의 표정이었다. 그녀는 미소를 짓고 있었다.

사회적 영향력의 원칙을 기만적이고 강압적으로 사용하는 것이 윤리적으로도 틀렸고 실질적으로도 틀렸다는 사실을 전달하기에 그날 그 부서장의 증언보다 더 효과적인 방법은 없을 것이다. 그러나 똑같은 원칙을 제대로만 적용한다면 올바른 방향으로 의사결정을 내릴 수 있다. 공인된 전문성, 진실한 책임감, 진정한 유사성, 진짜 사회적 증거, 독점적 뉴스, 자발적인 약속은 양쪽 모두에게 유익한 선택으로 이어질 것이다. 모두에게 이익이 되는 접근이야말로 좋은 비즈니스가 아니겠는가? 물론 당신을 몰아세울 생각은 없다. 다만 동의한다면 이 설득의 원칙이 실제로 어떤 효과를 낳았는지 내게 쪽지 한 장 보내주길 바란다.

3
관리자가 매일 챙겨야 하는 세 가지

신뢰, 팀 그리고 네트워크

by 린다 A. 힐, 켄트 라인백

린다 A. 힐 Linda A. Hill
하버드대학교 경영대학원Harvard Business School에서 월리스 브렛 던햄Wallace Brett Donham 경영학 교수로 재직하고 있다. 『관리자가 되는 법』의 저자이며, 『보스의 탄생』 『혁신의 설계자』의 공저자이기도 하다.

켄트 라인백 Kent Lineback
기업과 정부 기관에서 오랫동안 관리자 및 임원으로 일했다. 린다 A. 힐과 함께 『보스의 탄생』 『혁신의 설계자』를 썼다.

부임한 지 몇 주 혹은 몇 달밖에 되지 않은 신입 관리자에게 리더로서 성공하려면 집중해야 할 세 가지 핵심 활동 즉 신뢰 쌓기, 팀 만들기, 네트워크 구축하기에 대해 설명할 때면 으레 돌아오는 질문이다. 대부분의 신입 관리자는 계획했던 업무를 미처 다 마치지 못했는데 일과가 끝나버리는 날이 허다해 당황한다. 관리자들은 대부분의 시간을 예상치 못한 문제를 해결하거나 부서에 할당된 일이 제시간에 예산과 기준에 맞춰 진행되고 있는지를 확인하면서 보낸다. **긴급한** 업무(일상적인 업무)가 언제나 **중요한** 업무(상사나 리더로서 맡은 업무)를 수행할 시간을 빼앗는 것처럼 보이므로 신임 관리자들은 항상 일에 쫓긴다고 느낀다.

따라서 가뜩이나 할 일이 많은데 우리가 거기다가 추가적인 부담을 지운다고 생각하는 신임 관리자들은 방어적인 자세를 취한다. 게다가 (우리가 '경영 및 관리의 세 가지 필수 요건'이라고 부르는) 이 핵심 요소들은 단기간에 쉽게 습득할 수 있는 것도 아니다. 하지만 리더로서 맡은 바 역할을 효과적으로 수행하려면 근본적으로 갖춰야 할 중요한 능력들이다. 그 이유는 다음과 같다.

신뢰 쌓기

성공적인 리더십이란 근본적으로 다른 사람에게 영향력을 미치는 것이다. 그리고 신뢰는 그 바탕이 된다. 당신을 신뢰하지 않는 사람에게 영향력을 미치기란 불가능하다. 따라서 관리자라면 마땅히 함께 일하는 모든 사람에게 신뢰를 얻기 위해 노력해야 한다. 관리자는 신뢰를 구성하는 두 가지 기본 요소를 증명함으로써 신뢰를 쌓을 수 있다. 바로 **능력**competence과 **인격**character이다. 능력 있는 관리자란 부서의 모든 업무에 전문 지식을 갖춘 사람을 의미하지 않는다. 견고한 의사결정을 내릴 수 있을 만큼 업무 전반을 충분히 이해하고 잘 모르는 부분에 관해서는 질문을 할 수 있는 용기가 있는 관리자라는 뜻이다. 인격을 갖춘 관리자란 개인적 이해관계를 초월한 가치를 바탕으로 의사결정을 내리고, 진심을 다해 (내부 또는 외부) 고객을 대하며, 직원들을 보살피는 관리자를 가리킨다. 만약 사람들이 관리자로서 당신의 능력과 인격을 신뢰한다면 당신이 하는 일에도 신뢰를 보낼 것이다.

진짜 팀을 만들고 관리하기

효과적인 팀은 공유 가치에 기반해 공동의 목표 의식으로 결속돼 있다. 진짜 팀은 팀원들 간에 연대감이 강해서 진심으로 성공과 실패를 함께한다고 믿는다. 또한 팀이 실패하면 팀원 개개인도 성공할 수 없다고 확신한다. 강한 팀에는 공동의 목표 의식과 가치 말고도 협력 방식에 관한 규칙 즉, 팀원들이 함께 일하는 방식에 관한 명시적인 그리고 암묵적인 이해가 존재한다. 예를 들어 용인되는 갈등 유형과 용인되지 않는 갈등 유형은 무엇인가? 똑똑한 리더는 목표, 가치, 규칙 등 진짜 팀을 만들어주는 모든 요소가 제자리에 있는지 확인하고 **팀을 통해** 관리자로서의 역할을 수행한다. 따라서 '내가 상사니까 하라면 하세요'라고 말하기보다는 '팀을 위해 힙시다'라고 말하며 그편이 훨씬 더 설득력 있다. 진짜 팀에서는 팀원들이 팀의 일원임을 소중하게 생각하고 다른 팀원을 실망시키지 않으려고 최선을 다하기 마련이다. 똑똑한 리더라면 팀원들 간에 강한 연대감을 구축하고 이를 이용해 원하는 행동을 이끌어낸다.

네트워크 구축하기

모든 팀은 외부인이나 외부 조직의 도움과 협력에 의존한다. 능력 있는 팀 리더는 이 외부 네트워크를 적극적으로 구축하고 유지한다. 외부 네트워크에는 현재 업무를 위해 필요한 사람뿐만 아니라 미래 목표 달성을 위해 필요한 사람까지 포함된다. 신입 관리자들에게 이 외부 네트워크 구축이 가장 큰 골칫거리임은 두말할 나위가 없다. 신입 관리자들은 '네트워킹'을 단지 타인에게서 무언가 얻어내기 위해 호감을 사야만 하는 사내 정치쯤으로 치부하고 피하려고 한다. 그러다 보면 안타깝게도 신입 관리자들은 타인에게 영향력을 미쳐 좋은 결과를 이끌어낼 수 있는 자신의 능력뿐만 아니라 팀의 능력까지도 불필요하게 제한하게 된다. 네트워크를 구축하는 일은 정치 공작이 될 수도 있지만 반드시 그렇게 되리라는 법은 없다. 정직하고 솔직하게 양쪽에게 모두 유익한 관계를 구축하려는 선한 의도로 접근한다면 말이다.

바로 이 세 가지 필수 요건을 설명하고 난 뒤에 다음과 같은 질문이 들어온다.

"언제 신뢰를 쌓고 언제 팀을 만들고 언제 네트워크를 구축해야 하나요? 다른 할 일도 많은데 이것까지 어떻게 할 수 있죠?"

이 질문에 우리는 이 '세 가지 필수 요건'은 해야 할 일 목록에 따로 추가되는 개별적인 업무가 아니라고 대답한다. 강하고 능력 있는 리더는 **일상적인 업무를 통해** 관리 및 경영 업무를 수행한다. 관리 및 경영 업무를 정의하고 배분하고 구조화하고 논의하고 검토하고 전반적으로 관리한다. 이들은 일상적인 업무와 그 가운데 벌어지는 불가피한 위기 상황을 이용해 관리자 및 리더로서의 업무를 수행하는 방법을 통달한 사람들이다.

그 방법은 무엇인가?

능력 있는 리더는 일상적인 업무 수행 중에 능력을 증명할 기회를 포착해내며, 영리한 질문을 하고 통찰력 있는 제안을 함으로써 *신뢰*를 쌓는다. 일상적인 의사결정과 선택을 이용해 자신의 가치를 증명하고 부하 직원이나 고객에 대한 관심을 표현한다. 존재감을 드러내지만 독선적이지 않은 방식으로 지식과 신념과 가치를 드러내며 이 과정에서 자신이 신뢰할 만한 사람이라는 사실을 보여준다.

이들은 일상적인 업무에서 발생하는 문제와 위기 상황을 이용해 팀원들에게 팀의 목표와 최우선 가치가 무엇인지를 일깨워줌으로써 **팀**을 만든다. 공통된 목표와 가치라는 관점에서 의사결정을 설명한다. 협력 방식에 관한 규칙을 어긴(가령 다른 팀원을 존중하지 않았다든가 개인적인 이익을 팀의 이익보다 우선시했다든가 하는) 팀원이 있다면 즉시 소환한다. 협력 방식에 관한 규칙은 리더 자신을 포함해 모든 팀원에게 적용되기 때문에 팀원들에게도 자신이 규칙을 어긴다면 이야기해달라고 부탁한다.

능력 있는 리더는 다른 부서장들과의 정기적인 회의나 심지어 엘리베이터 안에서의 우연한 마주침 등 일상적인 기회를 이용해 부서 밖 사람들과 **네트워크**를 구축한다. 다른 부서 리더가 연관된 문제가 있다면 문제를 해결하는 동시에 그 리더와 장기적 관계를 구축할 수 있는 방식으로 문제에 접근한다. 조직 내의 다른 부서에도 도움이 될 만한 정보가 있다면 적극적으로 공유한다. 또한 부하 직원들에게도 다른 부서 사람들을 대할 때 똑같은 방식으로 접근하도록 격려한다.

이는 좋은 관리자가 어떻게 일상적인 업무를 통해 리더로서의 긴급한 임무를 달성할 수 있는지 보여주는 단편적인 예에 불과하지만 대략적으로는 이해가 될 것이다. 사실 능력 있는 관리자가 되기 위한 과제에 짓눌리지 않는

'비법'이라고 부를 만한 것이 있다면 바로 이것이다. 우리는 이 원칙을 깨닫고서 얼굴이 한결 밝아진 신입 관리자를 많이 봤다. 이 원칙이란 다름 아닌 일상적인 업무가 좋은 리더로서의 업무를 수행하는 데 장애물이 아니라는 사실이다. 오히려 좋은 관리자로서의 업무 대부분을 할 수 있는 방법이자 수단이다.

이 교훈을 깨닫고 나면 신입 관리자들은 일상적인 업무를 완전히 다른 시각으로 바라보기 시작한다. 새로운 업무를 맡을 때마다 예상치 못한 문제가 생길 때마다 한 걸음 물러서서 이렇게 묻는다.

'이 기회를 어떻게 활용하면 신뢰를 쌓을 수 있을까? 이 기회를 어떻게 활용하면 팀을 강화할 수 있을까? 이 기회를 어떻게 활용하면 네트워크를 확장하고 공고히 할 수 있을까?'

4
카리스마란
무엇인가

마음을 사로잡고 동기를 부여하는 힘

by. 존 안토나키스, 마리카 펜리, 수 리히티

존 안토나키스 John Antonakis
스위스 로잔대학교에서 경영경제학 교수로 재직 중이며 기업을 상대로 리더십 계발 컨설팅을 하고 있다.

마리카 펜리 Marika Fenley
로잔대학교 경제경영학부에서 경영학 박사 학위를 취득했으며 성별과 리더십을 주로 연구했다.

수 리히티 Sue Leichti
로잔대학교에서 심리학 박사 학위를 취득했으며 현재 조직 개발 컨설턴트로 일하고 있다.

캐나는 무대마다에 많이 흥미한 채로 의던에 식저 새로운 과제 말표를 기다리는 놀고 수백 명을 마주하고 있다. 빌은 신제품 출시에 실패한 이후 지치고 사기가 저하된 채 참담한 심정으로 자신의 지시를 기다리는 팀원들이 있는 회의실로 걸어 들어가고 있다. 로빈은 똑똑하지만 성과가 낮아 면담이 필요한 부하 직원과 대면하기 위해 준비하고 있다.

우리 모두가 이 같은 상황에 처했던 경험이 있을 것이다. 이들에게 필요한 것은 카리스마다. 카리스마란 명확하고 이상적이고 영감을 주는 메시지를 전달해 상대의 마음을 사로잡고 동기를 부여하는 능력이다. 그렇다면 카리스마는 어떻게 습득할 수 있을까? 많은 사람이 카리스마는 습득 불가능한 것이라고 여긴다. 이들은 카리스마가 있는 사람이 가진 자기표현 능력과 설득력, 외향성은 타고난 것이라 주장한다. 어쨌든 누군가를 가르쳐서 윈스턴 처칠로 탈바꿈시킬 수는 없는 노릇이다.

학습으로 윈스턴 처칠이 될 수 없다는 주장에는 동의하지만 카리스마를 학습할 수 없다는 주장에는 동의하지 않는다. 카리스마는 타고나는 것이 아니다. 학습 가능한 기술이며 고대부터 사람들이 연습했던 기술이다. 실험실과 현장에서 관리자들을 대상으로 우리가 연구한 바에 따르면 일명 '카리스마 리더십 전술charismatic leadership tactics, CLT'을 훈련하면 누구나 더 영향력 있고 깊은 신뢰감을 주며 리더다운 리더가 될 수 있었다. 여기서는 이 전술을 하나하나 살펴보면서 어떻게 우리가 관리자들을 훈련시켰는지를 설명하려 한다. 운동선수가 경기에서 이기려면 힘든 훈련 과정을 소화하고 올바른 경기 전략이 있어야 하듯 리더 역시 카리스마를 원한다면 CLT를 학습하고 꾸준히 연습하면서 적재적소에 사용할 수 있는 좋은 전략을 세워야 한다.

카리스마란 무엇인가?

카리스마는 가치와 감정에 뿌리내리고 있다. 아리스토텔레스가 **로고스**logos, **에토스**ethos, **파토스**pathos라고 이름 붙인 세 가지를 적절히 융합했을 때 발생하는 영향력이 곧 카리스마다. 다시 말해 타인을 설득하려면 강력하고 논리적인 수사법을 통해 개인적이고 도덕적인 신뢰를 확립한 다음 상대방에게서 감정과 열정을 이끌어내야 한다. 이 세 가지를 모두 능숙하게 해내는 리더가 있다면 자신을 따르는 사람들의 희망과 이상을 이용해 목표 의식을 심어주고 위대한 일을 해내도록 격려할 것이다.

중소기업이나 대기업, 공기업이나 사기업을 막론하고

어느 조직에서든 카리스마는 가치 있는 자산이 될 수 있다는 사실을 보여주는 몇몇 대규모 연구가 진행됐다. 서구 문화권과 아시아 문화권을 통틀어 카리스마의 중요성을 누구보다 잘 알고 있는 사람들은 정치인들이다. 그러나 기업에서 일하는 관리자들은 카리스마를 잘 이용하지 않는다. 아마도 방법을 모르거나 거래적 리더십(당근과 채찍)이나 도구적 리더십(업무 기반)처럼 동달하기 쉽지 않기 때문일 것이다. 명확히 짚고 넘어가자. 부하 직원들의 신뢰를 얻고 운영을 관리하고 전략을 세우려면 리더에게는 전문 지식이 필요하다. 처벌과 보상 능력도 유용하다. 그러나 가장 능력 있는 리더는 거래적 리더십이나 도구적 리더십보다 카리스마 리더십을 이용해 목표를 달성한다.

우리 연구에서는 열두 가지 핵심 CLT를 밝혀냈다. 일부 CLT는 오랫동안 웅변 기술로 알려져왔기 때문에 익숙할 것이다. 이 중 아홉 가지는 언어적 전술로 1) 은유, 직유, 비유, 2) 이야기와 짧은 일화, 3) 대조, 4) 수사학적 질문, 5) 세 가지 목록, 6) 도덕적 신념의 표출, 7) 집단 정서 반영, 8) 높은 목표 설정, 9) 목표를 달성할 수 있다는 자신감 전달이다. 비언어적 전술 세 가지는 10) 생동감 있는 목소리, 11) 표정, 12) 몸짓이다.

긴박감 조성, 역사 언급, 반복, 희생정신 언급, 유머 등 리더가 사용할 수 있는 다른 CLT도 있지만 여기서는 가장 효과가 크고 거의 모든 상황에서 사용할 수 있는 열두 가지 CLT를 설명하려 한다. 우리는 연구와 실험에서 이 CLT를 적절히 사용한 사람들은 다른 이들이 하지 못하는 방식을 통해 자신의 무리를 비전 중심으로 한데 결집시킬 수 있다는 사실을 발견했다. 예를 들어 과거 미국 대선에서 열 번 중에 여덟 번은 언어적 CLT를 더 많이 사용한 후보가 당선됐다. 또한 '우수한' 발표 기술(연설문 구조, 정확한 발음, 이해하기 쉬운 언어 사용, 발화 속도, 화자의 편안함)과 CLT의 효과를 비교한 결과 우리는 누가 더 리더답고 능력 있고 신뢰감을 주는지 결정할 때 CLT가 훨씬 더 큰 역할을 한다는 사실을 밝혀냈다.

그러나 비즈니스 세계에서는 이 전술들이 아직까지도 널리 알려지거나 학습되고 있지 않은 듯하다. CLT를 연습한 관리자들도 대개 의식적인 학습이 아니라 시행착오를 통해 배운 경우가 많았다. 우리가 주관한 훈련에 참여했던 어떤 관리자는 "무의식중에 사용한 전술이 많다"고 말했다. 그러나 CLT 학습을 우연에 맡겨둬서는 안 된다.

우리는 관리자들에게 CLT 개념을 설명한 다음 뉴스나 영화의 비즈니스, 스포츠, 정치 분야에서 CLT가 사용되는 실제 사례를 찾아 보여줬다. 그리고 나서 관리자들은 반드시 동영상으로 녹화하든지 동료들 앞에서 선보이든지 간에 스스로 배운 전술을 실험하고 연습하게 했다. 우리가 제공하는 훈련에 참여한 유럽의 중간급 관리자 집단(평균 나이 35세)은 이런 방식으로 훈련받은 뒤 발표를 할 때 CLT 사용이 두 배로 늘었다. 그 결과 청중이 매긴 리더십 역량 점수도 평균 60퍼센트 가까이 증가했다. 원래 직책으로 돌아가서도 이 전술을 사용할 수 있게 됐다고 한다. 스위스의 어느 대기업 임원 집단(평균 나이 42세)에서도 똑같은 성과를 목격했다. 전반적으로 CLT 훈련을 받은 집단에서는 65퍼센트가 리더로서의 역량 평가에서 평균보다 높은 점수를 받은 반면에 CLT 훈련을 받지 않은 집단에서는 35퍼센트만이 평균보다 높은 점수를 받았다.

CLT 훈련의 목표는 CLT를 연설에서뿐만 아니라 일상 대화에서도 사용하는 것이다. 즉, 평소에도 더 카리스마 있는 사람으로 거듭나는 것이다. CLT가 효과적인 이유는 당신과 당신을 따르는 사람들 사이에 감정적 연결 고리가 만들어지도록 도와줄 뿐만 아니라 더 힘 있고, 능력 있고, 존경받아 마땅한 사람으로 보이게 해주기 때문이다. 그리스어로 '카리스마'라는 단어는 특별한 재능을 뜻한다. CLT를 제대로 사용해보라. 그러면 사람들은 점차 당신이 카리스마가 있는 사람이라고 인식하게 것이다.

이제 CLT를 하나하나 자세히 살펴보자.

연결, 비교, 대조

카리스마 있는 화자는 청중이 메시지를 이해하고 연관 짓고 기억하도록 도와준다. 이를 위한 효과적인 방법 중 하나는 **은유**metaphors와 **직유**similes, **비유**analogies를 사용하는 것이다. 마틴 루서 킹Martin Luther King

Jr.은 은유의 대가였다. 예를 들어 그는 '나에게는 꿈이 있습니다'라는 연설에서 미국 헌법을 '약속어음'에 비유하며 모든 이에게 삶과 자유와 행복을 추구할 양도 불가능한 권리를 보장하지만 흑인에게만은 '자금 부족'이라는 도장이 찍힌 '부도수표'를 발행했다고 표현했다. 부도수표를 받는다는 것이 어떤 의미인지 모르는 사람은 없다. 마틴 루서 킹이 선달하려는 메시지는 분명하고 기억하기 쉽다.

은유는 직장 생활에서도 효과적이다. 우리와 함께 일했던 관리자 조는 은유를 활용해 팀이 급작스러운 부서 이동을 받아들일 수 있도록 설득했다. 그는 팀원들에게 부서 이동 소식을 이렇게 전달했다고 한다.

"처음 이사회로부터 이 소식을 들었을 때 오랫동안 기다렸던 임신 소식을 전해들은 것 같았습니다. 차이점이 있다면 우리는 9개월이 아니라 4개월만 준비하면 된다는 겁니다."

팀원들은 그 말을 듣는 즉시 이번 부서 이동이 불편하지만 궁극적으로는 이득이 되는 결정임을 이해했다.

이야기와 짧은 일화stories and anecdotes 또한 메시지의 흡인력을 높이고 청중이 화자와 연결 고리를 찾을 수 있도록 도와준다. 심지어 타고난 이야기꾼이 아니더라도 이야기와 일화를 잘만 사용하면 설득력을 높일 수 있다. 빌 게이츠가 하버드대학교에서 했던 연설을 예로 들어보자. 빌 게이츠는 졸업생들에게 더 큰 사회적 책임을 생각해야 한다면서 다음과 같이 말했다.

"저희 어머니는 (중략) 제게 다른 사람을 위해 무언가를 더 하라고 등 떠밀기를 멈추지 않으셨습니다. 제 결혼식 며칠 전에 어머니는 신부 멀린다를 위해 파티를 열고 그 자리에서 멀린다에게 쓴 결혼에 관한 편지를 낭독하셨습니다. 어머니는 당시 암으로 위중하셨지만 메시지를 전달할 기회를 놓치지 않으셨던 겁니다. 어머니는 편지를 끝맺으면서 다음 구절을 인용하셨습니다. '많이 받은 자에게는 많은 것을 기대한다.'"

또 다른 관리자 린은 위기가 닥쳤을 때 부하 직원들에게 다음과 같은 이야기를 들려주면서 사기를 북돋았다.

"지금 우리 팀에게 닥친 위기는 몇 년 전 제가 아이거

빙벽을 등반할 때 맞닥뜨렸던 위기를 떠올리게 합니다. 당시 우리는 악천후로 죽을 수도 있는 상황이었지만 힘을 모아 가까스로 살아나올 수 있었습니다. 처음에는 불가능해 보였던 일을 해낸 것입니다. 지금 우리는 경제적 폭풍우를 만났지만 함께 힘을 모으면 이 상황을 헤쳐 나와 성공할 수 있습니다."

이 이야기는 팀원들의 마음을 안심시키고 용기를 북돋아줬다.

대조conrasts 또한 핵심 CLT 중 하나다. 이성과 열정을 하나로 묶어주기 때문이다. 또한 대조는 당신의 입장을 반대 입장과 격돌시켜 명확히 해줌으로써 종종 극적인 효과를 낸다. 존 F. 케네디의 '국가가 여러분에게 무엇을 해줄 수 있는가를 묻지 말고, 여러분이 국가를 위해 무엇을 할 수 있는가를 물어라'로 알려진 취임 연설을 떠올려보라. 우리의 경험상 대조는 가장 쉽게 배워 사용할 수 있는 전략 중 하나지만 그만큼 충분히 사용되지는 않는다. 새롭게 CLT 훈련을 받은 관리자들의 사례를 살펴보자. 수석 부사장인 질은 부진한 팀을 관리하는 직속 부하 직원에게 이렇게 말했다(여기서도 은유가 사용됐다).

"내가 보기에는 공격을 퍼부어야 하는 상황인데 지나치게 수비에 치중하고 있는 것처럼 보입니다."

샐리는 새로운 팀에게 스스로를 소개하는 자리에서 이렇게 말했다.

"내가 의료팀을 맡게 해달라고 한 이유는 최고의 위치 때문만이 아니라 우리가 함께하면 회사를 위해 위대한 일을 이루면서 동시에 생명도 살릴 수 있다고 믿기 때문입니다."

몰입시키고 주입시켜라

수사학적 질문rhetorical questions은 자칫 진부하게 느껴질 수 있지만 카리스마 있는 리더들이 몰입을 이끌어내고자 할 때 항상 사용하는 전술이다. 수사학적 질문은 대답이 너무도 자명한 질문이나 당장 대답을 요구하기보다 나중으로 미뤄두는 질문을 뜻한다. 마틴 루서 킹의 연설을 다시 예로 들어보자. 그는 "인권을 찾고자 하는 사람들에게 '언제가 돼야 만족하겠는가?'라고 묻는 사람들이 있다"고 말하면서 억압받는 사람들은 결코 만족할 수 없다는 사실을 증명해 보였다.

더바디샵The Body Shop 창업자인 아니타 로딕Anita Roddick은 수사학적 질문 3개를 사용해 그녀가 어떻게 사회적 책임 운동을 시작하게 됐는지를 설명했다.

"생각은 정말 단순했습니다. 어떻게 하면 더 착한 기업을 만들 수 있을까? 어떻게 하면 기업을 커뮤니티 안으로 끌어안을 수 있을까? 어떻게 하면 커뮤니티를 기업의 사회적 목적으로 만들 수 있을까?"

이 전술은 사적인 대화에서도 동일한 효과를 발휘한다. 우리 연구에 참여했던 관리자 미카를 예로 들어보자. 미카는 이런 질문을 던져 성과가 낮은 부하 직원에게 효과적으로 동기를 부여했다.

"그러면 여기서 어디로 가길 원하나요? 스스로를 자책하면서 사무실로 돌아갈 건가요? 아니면 성과를 낼 수 있다는 사실을 보여줄 건가요?"

IT 기업 임원인 프랑크는 다음과 같은 수사학적 질문으로(여기서도 비유가 사용됐다) 비현실적인 목표를 달성하라는 요청을 거절하기도 했다.

"어떻게 저더러 한창 비행 중인 비행기의 엔진을 바꾸라고 하십니까?"

세 가지 목록three-part lists은 또 다른 고전적이고 효과적인 설득 기법이다. 전달하고자 하는 메시지가 무엇이든 핵심 요점을 주입하기 때문이다. 왜 세 가지여야 하는가? 대부분의 사람들이 기억할 수 있고, 증거로 제시하기에 충분하며, 완전하다는 인상을 주기 때문이다. 세 가지 목록 전술은 '수익을 흑자로 돌리려면 해야 할 일이 세 가지 있습니다'처럼 명시적으로 사용할 수도 있고 아니면 다음 사례와 같이 암시적으로 사용할 수도 있다.

중간급 관리자 서지는 팀 회의에서 세 가지 목록 전술을 사용했다.

"우리 제품은 시장에서 최고입니다. 우리 팀도 최고입니다. 그러나 판매 목표를 달성하지 못했습니다."

한 제소 업체 부서장인 카린 또한 이 세 가지 목록 전술을 이용해 부하 직원들에게 다음의 말을 전했다.

"세 가지 전략으로 상황을 역전시킬 수 있습니다. 먼저 우리가 무엇을 잘했는지를 되돌아봐야 합니다. 그다음으로 무엇을 잘못했는지를 되돌아봐야 합니다. 그 뒤에 다음번에는 제대로 할 수 있도록 필요한 자원을 지원해달라고 이사진을 설득할 계획을 세워야 합니다."

진실성, 권위, 열정을 보여라

도덕적 신념의 표출expressions of moral conviction과 (부정적인 집단 정서일지라도) **집단 정서를 반영**reflections of the group's sentiments한 주장은 청자들에게 화자의 인격을 드러내 공감대를 이루고 동일시를 이끌어냄으로써 화자로 하여금 신뢰성을 확립할 수 있게 해준다. 제2차 세계대전에서 승리하던 날 윈스턴 처칠은 영국민의 정서를 영민하게 포착했을 뿐만 아니라 명예, 용기, 연민의 정신까지 전달했다.

"지금 이 순간을 만끽하십시오. 이 승리는 어느 정당의 승리도 아니고 어느 계급의 승리도 아닙니다. 위대한 영국 전체가 일궈낸 승리입니다. 오랜 역사를 지닌 이 섬나라에서 우리는 처음으로 독재에 맞서 칼을 뽑아 들었습니다. (중략) 우리는 거기 홀로 서 있었습니다. 불이 꺼지고 폭탄이 떨어졌습니다. 그러나 남녀노소를 막론하고 국민들은 어느 누구도 이 싸움을 그만둘 생각이 없었습니다. (중략) 이제 우리는 치열했던 싸움에서 빠져나왔습니다. 끔찍했던 적은 이제 바닥에 고꾸라져 우리 처분만을 기다리고 있습니다."

공급 사슬 혁신을 밀어붙인 비영리단체 관리자 티나는 도덕적 신념(과 몇몇 다른 CLT)의 또 다른 좋은 예를 보여 준다.

"우리가 물류에서 빚은 혼선에 대한 대가를 누가 치를 거라고 생각하시나요? 그 대가는 우리 후원자들이 아니라 또다시 주린 배를 안고 잠자리에 들, 자칫 하룻밤을 넘기지 못할지도 모르는 우리 후원 아동들이 치러야 합니다. 돈 낭비를 떠나서 이건 옳지 않습니다. 더군다나 너무

077

나 간단한 해결 방법이 있으니까요."

또한 CLT 훈련을 받은 수석 IT 담당자 라미는 낙담한 팀원들의 정서를 다음과 같이 능숙하게 반영했다.

"지금 어떤 심정인지 압니다. 제 심정도 마찬가지니까요. 우리 모두 실망하고 낙담했습니다. 제게 계속 밤잠을 설치고 있다고 말한 분들도 계시고 이 일로 팀 분위기뿐만 아니라 집안 분위기까지 좋지 않다고 말한 분들도 계십니다. 저 개인적으로는 인생이 재미도 없고 입맛도 없습니다. 우리 모두가 얼마나 열심히 노력했는지 알기에 눈앞에서 성공을 놓쳐버린 지금 그 뒷맛이 얼마나 씁쓸한지도 압니다. 하지만 지금 이 상태가 오래 지속되지는 않을 겁니다. 제게 한 가지 계획이 있습니다."

카리스마 있는 리더가 열정을 증명하도록 도와주고 사람들에게 열정을 불어넣을 수 있도록 해주는 또 다른 CLT는 바로 **목표를 높이 설정하는 것**setting high goals이다. 간디는 그 유명한 '인도를 떠나라' 연설에서 폭력을 사용하지 않고 인도를 영국에서 해방시키겠다는 거의 불가능한 (도덕적) 목표를 세웠다. 비즈니스 세계에서 우리가 자주 인용하는 예시는 샤프의 전 CEO인 가쓰히코 마치다 Katsuhiko Machida다. 1998년 샤프가 무너져가고 브라운관 TV가 시장을 장악했던 시절 모두가 LCD 기술의 상업화는 불가능하다고 생각했지만 마치다는 상상조차 할 수 없는 목표를 제시했다.

"2005년까지 우리가 일본에서 판매하는 모든 TV는 LCD 제품이 될 것입니다."

그러나 불가능해 보일 정도로 높은 목표를 제시할 때는 **반드시 그 목표를 달성할 수 있다는 자신감**confidence that the goals can be achieved도 함께 전달해야 한다. 간디는 이렇게 말했다.

"우리가 충분한 희생을 치른다면 영국 정부도 우리에게서 자유를 유예할 수 없을 것입니다."

이후 다른 연설에서 간디는 자신의 도덕적 신념을 더욱 강하게 표명했다.

"모든 유엔 회원국이 나를 반대하고, 인도 전체가 나를 버린다 하더라도 나는 말할 것입니다. '당신이 틀렸습니다. 인도는 폭력을 사용하지 않고 원치 않는 손으로부터 독립할 것입니다.' 나는 인도뿐만이 아니라 전 세계를 위해서 앞으로 나아갈 것입니다. 자유를 보지 못하고 눈을 감는 한이 있더라도 비폭력은 계속돼야 합니다."

마치다는 샤프 엔지니어들을 개인적으로 찾아가 자신의 목표가 위험 부담이 크지만 이뤄낼 수 있다고 설득했다. 마치다는 LCD TV 개발을 회사에서 가장 중요한 과제로 선정하고 다기능팀을 조직한 뒤 담담하게 이 일에 샤프의 사활이 걸려 있다고 말했다. 한편 엔지니어 레이가 TV 제품의 결함을 발견한 뒤에 팀원들에게 했던 말을 예로 들어보자.

"CEO가 우리에게 지시한 기한은 지키기 벅찹니다. 다른 팀 같았으면 무릎을 덜덜 떨었겠지만 우리 팀은 아닙니다. 저는 여러분이 주어진 도전에 맞설 수 있는 사람들이란 걸 압니다. 저는 여러분 한 사람 한 사람을 믿습니다. 다시 말해 우리가 3개월 안에 제조 프로토타입을 만들어낼 수 있다고 믿습니다. 임무를 완수하기 위해 필요한 일을 열심히 합시다. 우리에겐 머리가 있습니다. 우리에겐 경험도 있습니다. 지금 우리에게 필요한 건 오직 의지입니다. 이 의지는 오직 위대한 팀에게만 있습니다."

리더가 진심으로 비전과 전략적 목표를 달성할 수 있다고 믿지 않으면 열정은 생기지 않는다.

세 가지 비언어적 신호인 **목소리, 몸짓, 표정**expressions of voice, body, and face 또한 카리스마의 핵심이다. 그러나 모두가 카리스마 있는 목소리와 몸짓과 표정을 타고난 것은 아니며 이 세 가지는 문화적으로 가장 민감한 전술이기도 하다. 특정 아시아 문화권에서는 지나치게 열정적으로 비치는 모습이 남유럽 문화권에서는 지나치게 소극적인 모습으로 비칠 수도 있다. 그러나 이 비언어적 전술을 학습하고 연습하는 것은 중요하다. 언어적 CLT보다 쉽게 처리할 수 있고 연설 중간중간에 구두점 역할을 함으로써 사람들의 주의를 집중시키는 데 도움이 되기 때문이다(이 비언어적 전술에 대해 더 알고 싶다면 다음의 글을 참조하라).

열정을 드러내고 청중의 마음을 사로잡는 세 가지 전술

1. 생동감 있는 목소리

열정적인 사람은 말하는 내용에 따라 목소리 크기를 달리한다. 어떤 대목에서는 속삭이는 듯 말하다가 가장 중요한 대목에 이르러서는 목소리를 점점 높인다. 슬픔, 행복, 흥분, 놀람 같은 감정이 목소리에 배어 나와야 한다. 중간에 말을 멈추는 것 또한 당신이 발화를 제어하고 있다는 인상을 주기 때문에 중요하다.

2. 얼굴 표정

표정은 전달하려는 메시지를 강화하는 데 도움을 준다. 청중은 당신의 열정을 귀로 듣기를 원할 뿐만 아니라 눈으로 보기를 원한다. 특히 당신이 이야기를 들려주거나 청중의 정서를 반영할 때면 더욱 그렇다. 따라서 (카리스마의 필수 요소 중 하나인) 눈맞춤, 편안한 미소, 찡그림, 웃음을 상황에 따라 적절히 활용하라.

3. 몸짓

몸짓은 청중에게 보내는 신호다. 주먹은 자신감, 힘, 확신을 보강해주는 효과가 있다. 손을 흔들거나 손가락으로 가리키거나 책상을 치는 행동은 주의를 집중시킬 수 있다.

실전에 적용하기

이제 CLT를 배웠으니 어떻게 사용할 것인가? 간단하다. 준비하고 연습하면 된다. 연설이나 발표를 준비할 때 어떻게 이 전술을 통합하고 연습할지 계획을 세워야 한다. 우리는 리더들에게도 설득이 필요한 일대일 대화나 팀 회의에서 이 전술을 통합할 방법을 미리 생각해보라고 권한다. 각자가 편안하게 느끼는 핵심 CLT 몇 가지를 골라 필요한 상황에서 자연스럽게 나오는 수준까지 갈고닦아야 한다. 아니면 최소한 자연스러워 보이는 수준까지는 돼야 한다. 우리 프로그램에 참여한 리더들은 카리스마를 높이기 위해 그룹 단위로 훈련받으면서 서로 피드백을 주고받았다. 배우자나 친한 동료에게 피드백을 부탁하거나 자신의 모습을 동영상으로 녹화하고 스스로 평가할 수도 있다.

카리스마 리더십 훈련의 목표는 대화를 할 때마다 모든 CLT를 사용하는 것이 아니라 적절히 균형 잡힌 조합을 찾아서 사용하는 것이다. 시간을 들여 꾸준히 연습한다면 상황에 따라 자연스럽게 나오기 시작할 것이다. 우리가 아는 한 관리자는 CLT 훈련을 받고 나서 아내에게 훈련을 받기 '전' 동영상을 보여줬는데 아내가 다른 사람 같다고 말했다고 한다. 그녀가 결혼했던 남자는 CLT 훈련을 받은 '후' 동영상에 나오는 카리스마 있는 남자였다(이 관리자는 훈련을 받고 난 뒤 CLT 사용이 두 배 이상 늘어났다). 6년 전 CLT 훈련을 받은 이후로 회사에서 최고 운영 책임자 자리에 오른 또 다른 관리자는 이제 CLT를 직장 안에서나 밖에서 매일 사용한다. 최근에 팀원들에게 부서 재배치에 관해 말할 때도 결과가 "예상보다 훨씬 좋았다"

라고 이야기했다.

　카리스마를 타고나지 못했기 때문에 개발할 수도 없다고 생각한다면 오산이다. 우리 연구에 따르면 처음에 카리스마 지수가 가장 낮았던 관리자들도 훈련 결과 이러한 전술을 타고난 동료 관리자들과의 격차를 상당히 좁힐 수 있었다. 아무리 훈련하고 연습해도 처칠이나 마틴 루서 킹이 될 수 없는 것은 사실이다. 그러나 CLT를 익히면 당신을 따르는 사람들 눈에 더 카리스마 있는 인물로 비칠 수 있으며 따라서 더 능력 있는 리더가 될 수 있다는 것만은 분명하다.

마음을 얻으려면 욕구와 필요에 집중하라

듣는 사람을 내 편으로 만드는 기술

낸시 두아르테 Nancy Duarte

두아르테 디자인Duarte Design의 CEO이자 『하버드비즈니스리뷰 가이드 3』의 저자이기도 하다. 이 밖에도 프레젠테이션 기술에 관한 책인 『slide:ology 슬라이드 올로지』 『Resonate 공감으로 소통하라』를 집필했다. 패티 샌체즈 Patti Sanchez와 함께 『연설, 이야기, 기념식, 기호로 변화를 점화하라』를 쓰기도 했다.

공감을 실천하기란 어렵다. 다른 사람의 입장을 이해하려면 자신만의 안전지대comfort zone에서 벗어나 밖으로 나와야 하기 때문이다. 그러나 영향력을 발휘하려면 반드시 필요한 일이다.

공감은 메서드 연기자가 관객으로 하여금 다르게 느끼거나 생각하거나 행동하게 만드는 방법이기도 하다. 메서드 연기자는 극중 인물에 깊이 몰입해서 아예 새로운 존재가 돼 행동하려고 노력한다. 〈존 말코비치 되기Being John Malkovich〉, 〈아바타Avatar〉, 〈투씨Tootsie〉 같은 작품에

서처럼 정체성 실험이 스토리의 일부인 경우도 있다.

〈투씨〉에서 주연을 맡았던 더스틴 호프먼Dustin Hoffman 은 극중에서 여성용 구두를 신고 걸었던 경험이 그에게 큰 영향을 미쳤던 모양인지 30년 뒤 미국영화협회 American Film Institute와의 인터뷰에서 당시 영화 출연을 결심했던 때를 회상하며 눈물을 흘렸다.

영화 출연에 합의히기 전에 호프먼은 정말로 여자처럼 보이는지 확인하기 위해 화장make-up 시험을 통과해야 했다. 시험은 통과했지만 **아름다워** 보일 순 없다는 사실을 깨달았을 때 호프먼은 이 영화에 반드시 출연해야겠다고 결심했다. 그는 아내에게 이렇게 속내를 털어놓았다.

"난 내(극중 도로시 마이클스)가 흥미로운 여성이라고 생각해. 하지만 파티에서 내가 나를 만났다고 가정해보면 다가가서 말을 걸지 않았을 거야. 왜냐하면 영화에서 내가 맡은 도로시는 우리가 어릴 때부터 자라면서 알게 모르게 배운 데이트 신청을 할 만큼 아름다운 여성이라는 외모적 기준을 만족하지 못하니까. (중략) 이 세뇌 교육 때문에 이번 생에서는 내가 알아갈 기회조차 갖지 못한 흥미로운 여성이 셀 수 없이 많을 거야."

공감은 호프먼의 연기(와 더불어 영화가 전달하고자 하는 메시지)를 더욱 설득력 있고 효과적으로 만들었다.

비즈니스 세계에서도 똑같은 상황이 항상 발생한다. 팀이 새로운 근무 방식을 받아들이도록 설득하는 상황이든, 투자자에게 투자를 설득하거나 고객에게 제품을 구입하라고 설득하는 상황이든, 아니면 대중에게 어떤 대의명분을 위해 기부를 하라고 설득하는 상황이든 간에 설득의 성공 여부는 상대방의 욕구와 필요를 파악하는 능력에 달려 있다. 이는 우리가 회사에서 고객을 위해 프레젠테이션을 제작하거나 효과적인 전달법을 코치할 때마다 반복적으로 목격했던 사실이다. 이야기를 들을 의향이 있는 사람들은 당신의 메시지를 더 잘 받아들인다. 반대로 당신이 사람들의 이야기에 귀를 기울이면 그들에게 (당신이 필요하다고 생각했던 것이 아니라) 정말로 필요한 것이 무엇인지 더 잘 알게 된다. 그러면 이해관계자들과 보다 빨리 장기적인 관계를 구축할 수 있다.

공감 능력은 어떻게 키울 수 있을까? 다른 분야에서와 마찬가지로 꾸준한 훈련이 도움이 된다. 비밀 고객secret shoppers은 일반 고객으로 가장해 고객 서비스를 평가한다. 제품 개발자는 사용 사례 브레인스토밍과 고객 인터뷰를 통해 고객들이 제품과 어떻게 상호작용할지를 미리 예상해본다. 협상가는 역할 놀이를 통해 협상 테이블에 앉기 전에 반대편의 입장을 상상해본다.

공감 능력을 하나의 기술로써 개발하면 현재 직무에 통합할 수 있다. 에어비앤비Airbnb CEO인 브라이언 체스키Brian Chesky와 그의 팀이 했던 것처럼 서로 다른 이해관계자들의 관점을 시각화해볼 수도 있는 것이다. 「패스트 컴퍼니Fast Company」에 실린 글에서도 설명했듯이 에어비앤비는 디즈니의 영화 제작 과정에서 영감을 얻어 게스트 선정 과정, 호스트 선정 과정, 채용 과정을 스토리보드(영화나 만화의 주요 줄거리를 간략하게 표현한 그림-옮긴이)로 작성한다. 그리고 이 세 가지 경험에서 가장 중요한 순간을 목록으로 정리한 다음 가장 중요하고 감정이 가장 많이 개입되는 순간들을 더 자세한 이야기로 구성해본다. 에어비앤비 공동 창립자인 네이선 블레차르지크Nathan Blecharczyk는 이 과정에서 많은 것을 배웠다.

"스토리보드는 우리가 전체 그림에서 큰 부분을 놓치고 있다는 사실을 명확하게 보여줬습니다. (중략) 우리가 손 놓고 있던 중요한 순간이 많이 있었어요."

스토리보드는 에어비앤비가 모바일 전략을 구상하고 새로운 기능을 추가하는 데 일조했다. 덕분에 에어비앤비는 고객이 어느 곳을 여행하더라도 고객과 연결될 수 있게 됐다.

이해관계자들의 이야기를 경청하고 그 말뜻을 제대로 이해했는지를 점검하는 일 또한 중요하다. 중재인은 분쟁이 일어났을 때 중간에서 이러한 역할을 수행하고 해결책을 도출해낼 수 있도록 돕는다. 새로 들어온 임원은 회사를 돌면서 직원과 고객에게 문제나 기회에 관한 그들의 관점을 듣는 시간을 가지기도 한다.

이는 1990년대에 IBM 이사진이 파산 위기에 직면한 회사를 살리기 위해 영입한 루 거스너Lou Gerstner가 시행했던 일이기도 하다. 거스너는 고객의 소리에 귀 기울이는 경영 방침을 '곰 포옹 작전Operation Bear Hug'이라고 이름 붙였다. 그는 관리자들에게 3개월 동안 고객을 직접 만나 지금 겪고 있는 문제가 무엇인지 IBM이 어떻게 도와줄 수 있는지를 물어보라고 지시했다. 그런 다음 고객과의 대화를 쪽지에 요약하도록 했다. 거스너 본인도 매일 고객에게 전화를 걸었다. 또한 직원들에게도 '곰 포옹'을 했다. IBM 지점을 돌거나 다양한 모임을 주최해 새로운 소식을 공유하고 아이디어를 시험하며 고민거리를 해결하는 시간을 가졌다. 90분짜리 비공식 질의응답 시간을 통해 IBM 직원 2만 명과 직접 대화하기도 했다.

거스너는 "저는 귀를 기울였고 성급하게 결론을 내리지 않으려고 엄청나게 노력했습니다"라고 말했다. 고객과 직원의 이야기를 경청하는 것은 전략 수립 과정에서 매우 중요한 단계였다. 덕분에 경영진은 다시 한번 IBM에 꼭 맞는 경쟁력 있는 계획을 수립할 수 있었다. 그러나 더 큰 변화는 IBM의 기업 문화를 내부적 관료주의에서 시장 주도 혁신 기업으로 개혁한 것이었다.

당신의 제품이나 서비스를 구매하도록 설득해야 하는 고객과 당신 대신 열심히 일하도록 설득해야 하는 직원의 입장에 공감하라. 그러면 더 나은 아이디어가 떠오를 것이고 사람들은 당신의 말에 더 귀를 기울일 것이다. 나아가 그 보답으로 이해관계자들이 당신에게 공감해준다면 진정한 장기적 관계를 구축할 수 있게 된다.

6
마음을 움직이는 스토리텔링

로버트 맥키와의 인터뷰

로버트 맥키 Robert McKee

서던캘리포니아대학교 영화방송학부에서 유명 시나리오 창작 강사를 역임했다. 투아츠Two Arts라는 회사를 설립해 시나리오 작가, 소설가, 극작가, 시인, 다큐멘터리 제작자, 프로듀서, 감독 등 전 세계에 있는 다양한 사람들에게 스토리텔링에 대한 강의를 제공하고 있다.

브론윈 프라이어 Bronwyn Fryer

작가이자 「하버드비즈니스리뷰」의 전 수석 편집자다.

설득은 비즈니스 활동의 중심이다. 고객이 회사의 제품이나 서비스를 구입하도록 설득해야 하고, 직원이나 동료가 새로운 전략 계획이나 조직 개편에 동의하도록 설득해야 한다. 투자자에게는 회사 주식을 매입하도록 (혹은 매도하지 않도록) 설득해야 하고, 파트너사에게는 다음 계약서에도 서명을 하도록 설득해야 한다. 그러나 이 같은 설득의 중요성에도 불구하고 대부분의 임원들은 영감을 불어넣는 일은 고사하고 의사소통에도 어려움을 겪는다. 이들은 파워포인트, 무미건조한 쪽지, 커뮤니케이션 부서가 보낸

과장법으로 가득한 편지 등 기업식 화법 속에서 길을 잃고 헤매는 경우가 너무나도 많다. 심지어 가장 신중하게 조사하고 정성을 들인 설득 시도조차 냉소주의나 무반응, 즉각적인 거절로 돌아오기 일쑤다.

왜 설득은 이토록 어려운 것일까? 사람들의 열정에 불을 지피려면 어떻게 해야 할까? 이 질문에 대한 답을 찾아 「하버드비즈니스리뷰」 수석 편집자 브론윈 프라이어는 세계에서 가장 유명하고 존경받는 시나리오 창작 강사 로버트 맥키를 만나기 위해 로스앤젤레스에 있는 그의 자택을 방문했다. 수상 경력이 있는 작가이자 감독인 맥키는 미시간대학교에서 영화예술 박사 학위를 받았고 이후 서던캘리포니아대학교의 영화방송학부에서 학생들을 가르치다가 지금은 투아츠라는 회사를 차리고 전 세계 작가, 감독, 제작자, 배우, 엔터테인먼트 기업 임원 등을 대상으로 스토리텔링 강의를 제공하고 있다.

〈포레스트 검프Forest Gump〉〈에린 브로코비치Erin Brockovich〉〈컬러 퍼플The Color Purple〉〈간디Gandhi〉〈몬티 파이튼의 성배Monty Python and the Holy Grail〉〈시애틀의

FROM IDLE TO WORK

잠 못 이루는 밤Sleepless in Seattle〉〈토이 스토리Toy Story〉
〈닉슨Nixon〉등 맥키의 제자들이 창작, 감독, 제작한 유명
한 영화만도 수백 편에 이른다. 아카데미상 18개, 에미상
109개, 작가조합상 19개, 아메리카 어워드 감독조합상 16
개 등 제자들의 수상 경력도 화려하다. 에미상 수상자인
브라이언 콕스Brian Cox는 『난초 도둑』이라는 책을 영화로
각색하려는 시나리오 작가의 삶을 다룬 영화 〈어댑테이
션Adaptation〉에서 맥키를 본보기로 삼기도 했다. 맥키는
영화 및 방송 제작 기업을 대상으로 컨설팅도 제공하고
있다. 디즈니, 픽사, 패러마운트를 비롯해 (마이크로소프트
같은) 주요 기업에서는 그의 강좌에 정기적으로 창작 부
서 직원 전체를 파견한다.

   맥키는 기업 임원들이 파워포인트를 집어던지고 대신
좋은 이야기를 하는 법을 배우면 완전히 새로운 수준으로
청중의 몰입도를 높일 수 있다고 생각한다. 1997년 하퍼
콜린스출판사가 출간한 맥키의 베스트셀러 『Story 시나
리오 어떻게 쓸 것인가』에서 그는 이야기가 "단순한 지적
유희로서가 아니라 개인적이고 감정적인 경험 안에서 삶

의 패턴을 이해하고자 하는 심오한 인간의 욕구를 충족시킨다"고 주장한다. 다음은 맥키와 인터뷰한 내용을 요약 및 편집한 것이다.

로버트 맥키 특정한 목표를 달성하도록 동기를 부여하는 일은 CEO의 직무에서 큰 부분을 차지합니다. 이를 위해서 CEO는 동기를 부여하려는 대상의 감정을 몰입시켜야 하는데, 그 열쇠가 바로 이야기예요. 사람들을 설득하는 방법에는 두 가지가 있습니다. 첫 번째는 전통적인 수사법을 사용하는 것이죠. 대부분의 임원들은 이미 이 전통적 수사법을 훈련받아 사용할 줄 압니다. 전통적 수사법을 사용하는 일은 지적인 활동입니다. 기업 세계에서는 대개 파워포인트를 띄워놓고 '이건 우리 회사의 가장 큰 어려움이고, 이건 성공하기 위해 우리가 해야 할 일입니다'라고 발표를 하는 일을 의

미하죠. 통계, 사실, 전문가 의견을 제시해 주장을 뒷받침하는 일도 포함하고요. 그런데 전통적 수사법에는 두 가지 문제점이 있습니다. 첫 번째 문제점은 설득하려는 대상이 이미 자신만의 전문가 의견, 통계 자료, 경험을 가지고 있다는 점이에요. 당신이 아무리 설득하려고 해도 머릿속으로는 반박을 하고 있을 거예요. 두 번째 문제점은 설득에 성공하더라도 그 깊이가 지적인 수준에서만 머무른다는 점입니다. 그것만으로는 충분하지 않아요. 왜냐하면 사람들은 이성만으로 행동하지 않기 때문이죠.

사람들을 설득할 수 있는 또 다른 방법, 궁극적으로 훨씬 더 강력한 방법은 아이디어와 감정을 결합하는 것입니다. 가장 좋은 방법은 설득력 있는 이야기를 들려주는 것이고요. 이야기 속에는 수많은 정보를 엮어 넣어야 할 뿐만 아니라 청자에게서 감정과 에너지까지 불러일으켜야 하죠. 이야기로 설득하는 일은 어렵습니다. 앉아서 목록을 작성하는 일은 지능이 있다면 누구나 할 수 있어요. 전통적 수사법을 이용해서 논리를 설계하는 일은 창의력이 없어도 이성만 있으면 할 수 있죠. 하지만 기억에 남을 만큼 감동적으로 아이디어를 전달하려면 생생한 통찰력과 스토리텔링 기술이 필요해요. 상상력과 탄탄한 이야기의 법칙을 활용할 수 있다면 청중으로부터 하품과 멸시 대신 우레와 같은 기립 박수를 받을 수 있습니다.

본질적으로 삶이 어떻게 그리고 왜 변하는가를 담고 있는 것이 이야기입니다. 이야기는 삶이 비교적 균형 잡힌 상태에서 시작합니다. 매일 출근을 하고 별다를 것 없는 일상이 펼쳐지고, 언제까지고 이 상태가 지속되리라 생각하죠. 그런데 그때 갑자기 사건이 발생하는 거예요. 시나리오 창작에서는 이를 '촉발 사건inciting incident'이라고 부르는데, 이 때문에 삶의 균형이 무너져버립니다. 새로운 직장으로 이직하거나 상사가 갑자기 심장마비로 죽거나 큰손이었던 고객이 계약을 파기

하는 일이 벌어지죠. 이야기는 삶의 균형을 되찾고자 노력하는 과정에서 주인공의 주관적인 기대와 비협조적인 현실이 충돌하는 과정을 그려냅니다. 좋은 스토리텔러는 이 적대적인 힘을 상대하는 일이 어떠한지를, 즉 주인공이 문제를 더 깊이 파고들고, 희소한 자원을 활용하고, 어려운 결정을 내리고, 위험을 무릅쓰며 행동하고, 궁극적으로는 진리를 발견하는 과정을 묘사합니다. 태초에서 시작해 고대 그리스 시대부터 셰익스피어를 거쳐 오늘날에 이르기까지, 모든 위대한 스토리텔러는 이 주관적인 기대와 잔인한 현실 사이에 존재하는 근본적인 갈등을 다뤘어요.

엄마 무릎에 앉아 이야기를 듣던 순간부터 이미 수천 번도 넘게 이야기는 당신 안에 각인됐어요. 좋은 책도 읽고 영화와 연극도 봤을 테고요. 게다가 인간은 **본능**

적으로 이야기를 통해 생각하길 원하죠. 인지심리학자들은 인간의 정신이 무언가를 이해하고 기억하려고 할 때 단편적인 경험을 모아서 하나의 이야기로 구성하는 과정을 설명합니다. 여기서 이야기란 개인적인 욕망과 인생의 목표로 시작해 이 욕망을 제지하는 세력에 맞서 대항하는 과정을 묘사하는 것입니다. 이야기는 우리가 무언가를 기억하는 방식이에요. 목록은 금세 잊어버리게 되는 경향이 있거든요.

기업인들은 회사의 과거를 이해해야 할 뿐만 아니라 미래를 예견해야 합니다. 그렇다면 어떻게 미래를 상상할 수 있을까요? 이야기를 만들면 됩니다. 머릿속에서 미래에 일어날 수 있는 사건을 떠올리고 앞으로 회사가 어떻게 될지, 또 내 삶은 어떻게 될지 시나리오를 써보세요. 마음속에서 경험을 이야기로 구성하고 싶은 욕구를 이해하는 기업인이 있다면 청중의 마음을 움직이는 열쇠는 그 충동에 저항하는 것이 아니라 좋은 이야기를 전달함으로써 그 충동을 포용하는 것이라는 걸 알아야 합니다.

처음부터 끝까지 어떻게 결과가 기대에 부합하는지를 강조하는 이야기를 하고 싶지는 않을 거예요. 그런 이야기는 지루하고 진부하죠. 대신 수많은 역경 가운데 기대와 현실 사이에서 투쟁하는 과정을 보여주고 싶을 겁니다.

예를 들어 켐코프Chemcorp라는 바이오테크 스타트업의 이야기를 상상해봅시다. 이 스타트업의 CEO는 월가에서 일하는 은행원들을 설득해서 투자를 유치해야 하는 상황이에요. 은행원들에게 켐코프가 심장마비를 예방하는 화합물을 발견했다고 말하면서 시장 규모, 사업 계획, 조직 구성도 등을 소개하는 슬라이드를 여러 장 보여주겠죠. 그러면 은행원들은 아마도 예의 바르게 고개를 끄덕이고 하품을 참으며 속으로는 켐코프가 목표한 시장에서 포지셔닝을 훨씬 잘한 다른 회사들을 떠올릴 겁니다.

대신에 켐코프의 CEO가 가까운 사람, 예를 들어 아버지가 심장마비로 돌아가셨다는 이야기로 말문을 열면 어떨까요? 그러면 이 이야기에서는 자연의 순리 자체가, 주인공protagonists인 CEO가 극복해야 할 첫 번째 대립자antagonist가 됩니다. 슬픔에 빠진 CEO는 심장병을 예고하는 화학 물질이 존재한다면 아버지의 죽음을 막을 수도 있었다는 사실을 깨달은 거죠. 그의 회사는 심장마비가 오기 직전에 혈액 속에 나타나는 단백질을 발견해서 간편하고 저렴한 진단 시약을 개발한 것이고요.

그런데 이제 새로운 대립자가 등장합니다. 바로 FDA예요. FDA 승인 절차는 산 넘어 산이잖아요. 첫 번째 승인 신청은 거절당하지만 진단 시약의 성능이 모두의 예상을 뛰어넘을 만큼 우수하다는 새로운 연구 결과가 나오면서 두 번째 승인 신청은 통과될 겁니다. 한편 자금난에 시달리던 켐코프는 동업자가 손을 떼면서 CEO 단독으로 새로운 회사를 시작합니다. 이제 켐코프는 기나긴 특허 전쟁에 돌입하게 되겠죠.

이처럼 끊임없는 대립자의 등장은 서스펜스를 고조시

킵니다. 주인공은 은행원들의 머릿속에 이 이야기의 끝이 해피엔딩이 아닐 수도 있다는 생각을 심어줬어요. 은행원들이 의자 끝에 엉덩이를 걸치고 이야기에 몰입해 있을 때쯤 CEO는 이렇게 말합니다.

"우리는 경쟁에서 이겼고 특허를 취득했고 이제 시장에 제품을 출시해 매년 25만 명의 생명을 살릴 준비가 됐습니다."

그러면 은행원들은 너도나도 그에게 돈다발을 갖다 바치게 되는 거죠.

아니에요. 기업인들도 지금 말씀하신 것과 같은 이유로 이야기를 미심쩍은 눈으로 바라봅니다. 하지만 사실 거짓말과 새빨간 거짓말을 할 때 사용되는 건 통계예요. 회계 보고서는 겉만 번지르르한 거짓투성이인 경우가 허다한 것처럼 말이죠. 엔론Enron과 월드컴WorldCom의 분식 회계 사태를 보지 않았습니까.

프레젠테이션을 이야기로 바꿔달라는 부탁을 받을 때마다 나는 먼저 질문을 합니다. 기업을 상대로 일종의 정신분석을 하는 건데 그러면 놀라운 드라마가 쏟아져 나오죠. 하지만 대부분의 회사와 임원들은 더러운 빨래더미, 어려움, 대립자, 힘든 상황은 카펫 밑으로 숨기려고만 합니다. 세상에는 장밋빛 그림, 지겨운 그림만 보여주려고 해요. 하지만 문제를 전면에 내세우고 어떻게 극복했는지를 보여주길 원하는 사람이 스토리텔러입니다. 실제 대립자에 맞서 고군분투하는 이야기를 들려줄 때 청중의 눈에는 당신이 재미있고 역동적인 사람으로 보일 겁니다. 그리고 장담하건데 이 스토리텔링 기법은 효과가 있습니다. 왜냐하면 내가 컨설팅했던 회사 중 월가에 재미있는 이야기를 들려줬던 회사 열두 군데는 전부 투자를 따냈으니까요.

사실이 아니니까요. 판매량이 증가했고 미래가 밝다는

보도 자료를 배포할 수는 있지만 사람들은 그게 말처럼 쉬운 일이 아니라는 사실을 알고 있어요. 당신의 회사가 완벽하지 않다는 사실과 당신의 경쟁사가 무조건 악하지 않다는 사실도요. 사람들은 회계 장부가 회사에 유리하도록 살짝 부풀려져 있다는 사실 또한 알고 있습니다. 긍정적인 가상의 그림과 찍어낸 듯한 보도 자료는 오히려 역효과를 불러일으켜요. 설득하려는 사람들에게 불신을 심어주게 되니까요. 아마 자기 기업의 홍보 담당자를 믿지 않는 CEO가 대부분일 겁니다. CEO들조차 과대광고라며 믿지 않는 판국에 대중이 믿을 이유는 어디 있을까요?

존재의 커다란 모순은 인생을 살 만한 가치가 있도록 만드는 것이 장밋빛 측면만은 아니라는 사실입니다. 우리는 모두 차라리 연꽃을 먹은 사람(그리스 신화에서 연꽃 열매는 세상 근심을 모두 잊고 황홀경에 빠지게 해준다–옮긴이)이 되길 원하지만 인생은 그렇게 호락호락하지 않아요. 삶을 살아내는 에너지는 어두운 부분에서 나옵니다. 우리를 고통스럽게 하는 모든 것에서 나오죠. 이

부정적인 세력에 맞서 싸울 때 우리는 삶을 더 깊이, 더 온전하게 살아낼 수밖에 없게 됩니다.

물론이죠. 더 진실해지니까요. 좋은 스토리텔링의 원칙 중 하나가 우리 모두가 공포 속에 살고 있다는 사실을 이해하는 겁니다. 두려움fear은 미래에 어떤 일이 일어날지 모를 때 생깁니다. 공포dread는 미래에 어떤 일이 일어날지 알지만 그 일이 일어나지 않도록 막기 위해 할 수 있는 일이 아무것도 없을 때 생기죠. 죽음은 거대한 공포예요. 우리 모두는 점점 줄어드는 시간의 그림자 속에서 살고 있으며 그 사이에 어떤 나쁜 일도 일어날 수 있습니다.

우리는 대부분 이 공포를 억누릅니다. 빈정거림, 속임수, 학대, 무관심 등 타인에게 크고 작은 잔인함을 저지름으로써 이 공포를 제거하죠. 우리 모두는 이러한 공포를 덜어주고 기분을 나아지게 해주는 사소한 악한 행위를 저질러요. 그러고 나서 나쁜 행동을 정당화하고 나는 좋은 사람이라고 스스로를 설득합니다. 기관도 마찬가지예요. 기관도 다른 기관이나 직원들을 두렵게 만들면서 부정적인 현실의 존재를 부인하는 겁니다.

현실주의자는 인간 본성이 이렇다는 사실을 알고 있습니다. 사실 이러한 행동은 모든 자연의 근본이에요. 자연 세계에서는 생존의 황금률을 따르는 것이 최우선이죠. 즉, 남에게 대접받고자 하는 대로 대접하는 겁니다. 자연 세계에서는 협력은 협력으로 돌아옵니다. 그러나 술수는 적대감으로 돌아오고 그러면 배로 되갚아줄 수밖에 없어요.

인류는 동굴에서 모닥불을 피우고 둘러앉던 시절부터 이야기를 주고받으며 삶이 주는 공포와 생존을 위한 투쟁에 대처해왔습니다. 모든 위대한 이야기는 삶의 어두운 측면을 비추고 있어요. 이른바 '순수한' 악에 대한 이야기를 하고 있는 것이 아니에요. 그런 건 존재하시 않기 때문이죠. 우리는 모두 악한 동시에 선하며, 이

두 가지 측면은 끊임없이 서로 싸웁니다. 케네스 레이 Kenneth Lay는 수많은 사람이 일자리와 노후 저축을 날리게 만들고도 그럴 의도는 없었다고 말했어요. 한니발 렉터Hannibal Lecter는 재치 있고 매력적이고 똑똑하지만 인간의 간을 먹었죠. 청중은 인간의 어두운 측면을 인정하고 대립적인 사건을 솔직하게 다루는 스토리텔러의 진정성을 높이 삽니다. 이야기는 듣는 사람에게서 긍정적이지만 현실적인 에너지를 불러일으키죠.

이건 당신이 낙관적이냐 비관적이냐 하는 문제가 아닙니다. 내가 보기에 문명화된 인간이란 곧 회의론자예요. 회의론자는 아무것도 표면 그대로 믿지 않죠. 회의주의는 스토리텔링의 또 다른 원칙입니다. 회의주의자는 본문과 그 뒤에 숨겨진 뜻이 다르다는 사실을 이해하고 항상 실제를 알려고 합니다. 인생의 표면 아래에 숨겨진 진실을 알려고 하죠. 기관이나 개인이 품고 있는 진짜 생각과 감정은 무의식에만 존재하고 표현되지 않는다는 사실을 알기 때문이에요. 회의주의자는 언제나 가면 뒤를 들여다보려고 합니다. 예를 들어 문신을 하고 피어싱을 하고 체인을 걸고 가죽옷을 입고 거리를 배회하는 아이들은 철저하게 가면을 쓰고 행동하는 겁니다. 하지만 회의주의자들은 그 가면이 단지 하나의 페르소나에 불과하다는 사실을 알고 있어요. 겉으로 사나워 보이려고 애쓰는 사람일수록 속은 마시멜로 같죠. 진짜로 강한 사람은 애써 강해 보이려는 노력을 하지 않아요.

그렇습니다. 우리는 믿음이 가는 사람을 따릅니다. 내가 여태까지 만나본 프로듀서와 감독들 중에 최고의 리더는 어두운 현실을 받아들인 사람들이에요. 이들은 대변인을 통해 소통하는 대신 영화가 제작되고 유통되고 수백만 관객을 동원할 확률이 몇 천분의 일도 되지 않는 대립자로 가득 찬 세상에서 배우들과 스태프들을 직접 이끌죠. 이들은 자기 밑에서 일하는 사람들이 영화를 만드는 일을 사랑하고 최후의 승리를 이끌 작은 승리를 위해 살고 있다는 사실을 고맙게 여깁니다.

CEO도 마찬가지로 탁자 중앙이나 마이크 앞에 앉아서 불경기와 치열한 경쟁이라는 폭풍우를 뚫고 회사를 직접 움직여 나아가야 합니다. 눈을 맞추고 정말로 두려운 과제를 펼쳐 보이면서 '이 난관을 뚫고 나가려면 억세게 운이 좋아야겠지만 우리가 해야 하는 일은 이거라고 생각한다'고 말한다면 청중은 당신에게 귀를 기울일 겁니다.

사람들의 지지를 얻으려면 진실한 이야기를 해야 합니다. 가령 제너럴일렉트릭GE은 전 CEO인 잭 웰치가 우상화되는 것과는 별개로 훌륭한 이야기를 가지고 있습니다. 인생을 원대한 시각으로 바라보면 그 복잡한 면면이 모두 보이고 이를 이야기로 풀어낼 수 있습니다. 위대한 CEO는 자신의 유한함을 알기 때문에 타인에게 연민을 느끼는 사람이에요. 그리고 이 연민은 이야기로 표현되기 마련이죠.

일에 대한 사랑을 예로 들어봅시다. 오래전 대학원에 다니던 시절 나는 보험 사기 조사관으로 일했습니다. 내가 조사하던 한 사건의 보험 청구인은 자동차 조립 라인에서 일하다가 머리에 큰 상해를 입고 고통받던 이민자였어요. 일하는 라인에서 가장 빠른 자동차 창문 조립공이었던 그는 자신이 하는 일에 커다란 자부심을 가지고 있었죠. 당시에 그는 머리에 티타늄 보형물을 삽입하는 수술을 기다리는 중이었고요.

그가 입은 부상은 심각했지만 보험회사는 그가 사기꾼이라고 생각했습니다. 그러나 그는 놀라울 정도로 자기 직업에 헌신적이었어요. 단지 하루 빨리 직장으로 복귀하길 바랄 뿐이었죠. 똑같이 반복되는 단순노동일지언정 그는 일의 가치를 아는 사람이었습니다. 그는 자신의 직업뿐만 아니라 자신을 무고하게 고소한 회사에도 자부심을 가지고 있었어요. 만약 관리자가 이 조립공을 보험 사기로 고소한 것이 잘못이었다는 사실을 인정하고 조립공의 직업 정신과 애사심을 높이 사 보상해줬다면 이 자동차 회사의 CEO에게는 얼마나 근사한 이야깃거리가 됐을까요. 이 이야기를 듣고 감동한 전 직원이 두 배로 열심히 일했다면 결국 회사에게도 이득이 됐을 겁니다.

어떻게 하면 사람들이 듣고 싶어 하는 이야기를 만들어 그들로부터 호응을 얻겠습니까?

핵심 질문 몇 가지만 던지면 됩니다. 첫째, 내 이야기의 주인공이 삶의 균형을 회복하기 위해 원하는 것은 무엇인가? 욕망은 이야기의 피라고 할 수 있어요. 욕망은 쇼핑 목록이 아니라 핵심 욕구예요. 이 핵심 욕구가 충족되면 이야기도 거기서 끝이 나죠. 둘째, 내 이야기의 주인공이 욕망을 성취하려 할 때 방해하는 것은 무엇인가? 내부 세력? 의심? 두려움? 혼란? 친구, 가족, 사랑하는 사람과의 갈등? 각종 사회제도 안에서 발생하는 갈등? 심리적 갈등? 자연의 힘? 치명적인 전염병? 부족한 시간? 시동이 걸리지 않는 빌어먹을 자동차? 이야기 속에 등장하는 사람, 사회, 시간, 공간, 사물 중에 어느 것이라도 주인공과 대립각을 형성하는 대립자가 될 수 있습니다. 때로는 이 중 하나가 아니라 복합적인 조합일 수도 있죠. 그렇다면 내 주인공은 이 대립적인 세력에 맞서서 자신의 욕망을 달성하기 위해 어떻게 행동할 것인가? 이 질문에 대한 대답에서 스토리텔러는 등장인물의 진심을 드러냅니다. 인간의 본성은 압박감 속에서 어떤 선택을 내리느냐에 따라 드러나기 때문이죠. 마지막으로 완성된 이야기를 놓고 등을 뒤로 기댄 채 던져야 할 질문은 다음과 같습니다.

"나는 이 이야기가 믿어지는가? 현실을 과장하거나 미화하지는 않았는가? 환상이 깨질지라도 이야기는 진실한가?"

꼭 그렇지는 않아요. 하지만 스토리텔링의 법칙을 이해

하고 있는 사람이라면 자기 자신과 인간 본성도 잘 이해하고 있는 사람일 가능성이 높고 그런 사람이 아무래도 성공할 가능성도 높죠. 내가 이야기의 형식적인 법칙을 가르쳐줄 순 있어도 진짜로 삶을 살아낸 적이 없는 사람에게는 아무리 가르쳐도 소용이 없습니다. 스토리텔링을 하려면 지성도 필요하지만 인생 경험도 필요하기 때문이에요. 내가 지켜본 바에 따르면 뛰어난 영화감독들은 불우한 어린 시절을 보낸 경우가 많습니다. 유년기에 겪은 트라우마는 가벼운 일종의 정신분열증처럼 인생의 양면을 동시에 볼 수 있게 해줘요. 직접 실시간으로 경험하는 동시에 자신의 뇌는 그 경험을 소재로 기록하죠. 이 소재를 가지고 비즈니스 아이디어나 과학이나 예술을 창조할 수 있을 거예요. 양날의 검처럼 창의적인 사람은 자신의 진실과 타인의 인간성을 동시에 꿰뚫어봅니다.

자기 이해self-knowledge는 모든 위대한 이야기의 뿌리입니다. 스토리텔러는 '내가 이런 상황에 처한 이 인물이었다면 어떻게 할까?'라는 질문을 던지면서 자기 자신으로부터 이야기 속 인물을 만들어내죠. 자기 자신의 인간성에 대한 이해가 깊어질수록 모든 선악 대결 구도에서 다른 사람의 인간성에 대한 이해 역시 더 깊어질 거예요. 짐 콜린스Jim Collins는 위대한 리더는 어마어마한 자기 이해력을 가지고 있는 사람들이라고 했어요. 나도 동의합니다. 위대한 리더는 균형 잡힌 자기 통찰과 자기 존중과 회의주의적 시각을 가진 사람입니다. 위대한 스토리텔러는, 그리고 아마도 위대한 리더는 자신이 쓴 가면뿐만 아니라 인생의 가면을 이해하는 회의주의자일 겁니다. 이 사실을 이해하면 겸손해질 수밖에 없어요. 위대한 스토리텔러는 타인에게서도 이러한 인간성을 발견하고 공감하되 현실적으로 대처합니다. 이러한 이중성이 곧 훌륭한 리더의 자질이겠죠.

7

스티커 메모가
지닌 놀라운
설득력

사적인 관계를 구축하라

by 케빈 호건

케빈 호건 Kevin Hogan
『원하는 것을 끌어내는 영향력의 기술』과 『통쾌한 설득 심리학』을 포함해 총 21권의 책을 집필했다.

이 글을 읽고 있는 당신은 아마도 누군가에게 무언가를 설득해야 하는 상황에 놓여 있지 않을까 짐작해본다. 가령 다른 사람을 시켜 업무를 완수해야 한다든지 하는 경우 말이다. 누군가가 자신의 요청에 따르도록 만드는 가장 좋은 방법 중 하나가 아주 살짝 개인적으로 접촉하는 듯한 인상을 풍기기만 하면 되는 일이라는 사실을 알고 나면 놀랄지도 모르겠다. 바로 스티커 메모를 붙이는 것이다.

텍시스주 헌스빌에 있는 샘휴스턴주립대학교에서 랜

디 가너는 뛰어난 실험 설계로 a) 인간적인 손길을 더하고 동시에 b) 상대방에게 (그저 아무나가 아니라) 바로 당신에게 부탁을 하고 있다는 인상을 주면 인상적인 결과를 얻을 수 있다는 사실을 밝혀냈다.

가너의 실험 목적은 의사소통 수단으로 교내 우편만을 이용해 동료 교수들로 하여금 (때때로 길고 지루한) 설문조사를 완료하도록 만들기 위해서는 무엇이 필요한지를 알아내는 것이었다. 이 실험에서 와일드카드 요인은 스티커 메모의 사용이었다. 한 실험에서 가너는 교수 50명으로 이뤄진 각기 다른 세 그룹(총 150명)에게 설문지를 발송했다. 세 그룹은 다음과 같이 각기 다른 요청을 받았다.

그룹 1은 설문지를 작성한 뒤 다시 우편으로 보내달라는 스티커 메모가 부착된 설문지를 받았다.

그룹 2는 똑같은 내용이 스티커 메모 대신 설문지 맨 앞장에 손 글씨로 쓰인 설문지를 받았다.

그룹 3은 똑같은 내용이 설문지 맨 앞장에 인쇄된 설문지를 받았다.

결과는 어땠을까?

그룹 3: 36퍼센트가 설문지에 회신했다.

그룹 2: 48퍼센트가 설문지에 회신했다.

그룹 1: 76퍼센트가 설문지에 회신했다.

다른 맥락에서도 이 실험을 일반화하려면 스티커 메모가 *왜* 그토록 효과적이었는지를 이해해야 한다. 스티커 메모는 강력한 행동 촉발 장치behavioral triggers로 사용될 수 있는 조그마한 물건을 대표한다.

　주변 환경과 어울리지 않는다. 스티커 메모는 공간을 차지하고 주변을 어지러워 보이게 만든다. 따라서 뇌는 스티커 메모를 치워버리고 싶어 한다.

눈에 제일 먼저 띈다. 무시하기 어렵다.

개인별로 맞춤화됐다. (실험에서 그룹 2와 그룹 3의 차이점이 바로 이 맞춤화 여부였다.)

궁극적으로 스티커 메모는 **어떤 사람**과 **다른 중요한 사람**과의 의사소통을 나타낸다. 마치 부탁이나 특별한 요청인 것 같은 인상을 심어줌으로써 수신인으로 하여금 자신이 중요한 인물이라고 느끼도록 만든다.

가녀는 이 스티커 메모 요인을 더 연구하지 않고는 배길 수가 없었다. 그래서 진행한 두 번째 실험에서 가녀는 한 그룹의 교수들에게는 설문지에 아무것도 적지 않은 **빈** 스티커 메모를 부착해서 발송했다. 결과는 다음과 같다.

그룹 1은 개인별로 맞춤화된 메시지가 적힌 스티커 메모가 부착된 설문지를 받았다.

그룹 2는 빈 스티커 메모가 부착된 설문지를 받았다.

그룹 3은 스티커 메모가 부착되지 않은 설문지를 받았다.

두 번째 실험 결과는 어땠을까?

그룹 3: 34퍼센트가 스티커 메모가 부착되지 않은 설문지에 회신했다. (첫 번째 실험과 회신율이 비슷했다.)

그룹 2: 43퍼센트가 빈 스티커 메모가 부착된 설문지에 회신했다.

그룹 1: 69퍼센트가 개인별로 맞춤화된 메시지가 적힌 스티커 메모가 부착된 설문지에 회신했다.

진짜 마법은 스티커 메모 자체가 아니라 스티커 메모가 나타내는 연결성과 의미와 정체성이었다. 설문지를 보낸 사람이 ***자신에게*** 도와달라고 (그저 설문지에 명시돼 있는 것이 아니라) 특별히 ***개인적으로*** 부탁하고 있는 것이다.

그러나 단지 설문을 완료했다는 것만이 전부가 아니었다. 회신 속도와 설문지 작성에 기울인 노력의 정도에도 차이가 있었다. 가너는 스티커 메모가 부착된 경우에 사람들이 후속 설문 조사에 얼마나 빨리 회신하는지를 실험한 뒤 스티커 메모가 부착된 경우와 스티커 메모가 부착되지 않은 경우에 설문지 작성 품질에 얼마나 차이가 있는지를 측정했다. 결과는 다음과 같다.

그룹 1(스티커 메모 부착)은 평균 4일 안에 자기 주소가 날인된 봉투와 설문지를 보냈다.

그룹 2(스티커 메모 미부착)는 평균 5 1/2일 안에 자기 주소가 날인된 봉투와 설문지를 보냈다.

그러나 가장 눈에 띄는 차이점은 그룹 1은 그룹 2보다 설문지에서 주관식 질문에 훨씬 긴 답변을 남겼다는 사실이다.

추가 실험을 진행한 결과 부탁한 일이 쉬우면 스티커 메모에 적는 메시지를 추가로 맞춤화할 필요가 없었다. 그러나 부탁한 일이 시간과 노력이 많이 드는 일일수록 더 개별적으로 맞춤화된 스티커 메모가 단순한 기본 스티커 메모보다 훨씬 더 효과적인 것으로 나타났다. 개별적인 맞춤화란 무엇을 뜻하는가? 짧은 메시지가 효과적이지만 스티커 메모 상단에 받는 사람의 이름을 적고 하단에 보내는 사람의 머리글자를 적으면 회신율이 훨씬 높았다.

나는 이 개인별 맞춤화 이론을 전 세계에 있는 기업인들과 함께 사용해 큰 성공을 거뒀다. 예를 들어 나와 함께 일했던 모기지 중개인은 우편을 보낼 때 이 스티커 메모 방식을 적용했더니 그를 통해 대출을 받으려는 잠재 고객에게서 오는 전화 횟수가 두 배로 늘어났다. 더군다나 이 방법은 회사나 고객에게만 효과적인 것이 아니다. 함께

사는 사람도 이 스티커 메모 방식에 반응할 것이다(화장실 거울에 스티커 메모를 하나 붙이고 무슨 일이 일어나는지 관찰해보라). 최근에 개인별로 맞춤화된 스티커 메모가 이메일에서 사용할 수 있도록 디지털 형식으로도 출시됐지만 효과가 일관적이지는 않다. 디지털 형식의 맞춤화된 스티커 메모는 서로 안면이 있거나 잘 아는 두 사람이 주고받는 이메일에서 가장 효과적인 것으로 나타났다. 보낸 사람이 누구인지 알지 못하는 광고 이메일에서는 효과가 미미했다. 기존 고객에게 발송하는 광고 이메일에서 디지털 형식의 맞춤화된 스티커 메모를 사용했을 때 나타나는 효과에 대해서는 추가적인 연구가 필요하다.

다음번에 동료에게 요청할 일이 있거나 잠재 고객에게 포트폴리오를 보낼 일이 있다면 스티커 메모를 남겨보라. 사소한 개인적인 접근만으로도 원하는 결과에 성큼 다가갈 수 있을 것이다.

8

논리로 설득해야 할 때와 감정에 호소해야 할 때

머리 vs. 가슴

by 마이클 D. 해리스

마이클 D. 해리스 Michael D. Harris

인사이트 디맨드Insight Demand의 CEO이자 『통찰력을 팝니다Insight Selling』의 저자다.

영업 사원이 사실과 숫자를 제시해야 할 때는 언제고 구
매자의 감성적인 잠재의식에 호소해야 할 때는 언제인
가? 직관에 호소해야 할 때는 언제고, 이성에 제안해야 할
때는 언제인가?

나는 특히 복잡한 제품이나 서비스를 팔 때는 논리적으
로만 이야기하다가는 분석 마비 증세가 올 수 있다고 주
장한다. 그러나 아직 우리 대다수는 거의 구매자의 이성
에만 영업을 하고 있다. 그 결과 별 소득도 없이 영업 기회
만 쫓아다니는 데 너무 많은 시간을 허비한다. 우리는 구

매자의 감정에 영업을 하는 능력을 키워야 한다. 우리가 기본적으로 이성에 영업을 하는 이유는 스스로를 의식적이고 이성적인 존재와 동일시하기 때문이다. 기업 임원이 감정을 바탕으로 의사결정을 하는 모습을 우리는 상상조차 하지 못한다. 감정적인 의사결정이 비합리적이고 무책임하다고 생각하기 때문이다.

그러나 만약 직관적인 결정에도 합리적인 논리가 있다고 한다면? 최근 심리학자들과 행동 경제학자들은 감정적인 의사결정이 비합리적이지도, 무책임하지도 않다는 사실을 입증했다. 우리는 무의식적 의사결정이 명백한 논리에 따라 이뤄진다는 사실을 이해하지 못한다. 무의식중에 내리는 의사결정은 심리적으로 부담을 느끼지 않고도 수백만 비트에 해당하는 정보를 손쉽게 처리할 수 있는 경험적 정신 처리 시스템에 기반하고 있다. 반면에 우리의 의식은 작동 기억의 한계로 한 번에 서너 가지 정보만 처리할 수 있기 때문에 병목현상이 심하다.[1]

예를 들어 아이오와 도박 과제Iowa Gambling Task 연구는 감정적 뇌emotional brain가 최대 수익을 올릴 수 있는 성공

가능성을 무의식중에 얼마나 효과적으로 알아차리는지를 강조한다.[2] 실험 참가자들은 컴퓨터 화면상에서 가상의 판돈과 카드 네 벌을 받는다. 이 게임의 목적은 최대한 많은 돈을 따는 것이다. 실험 참가자들은 카드 네 벌 중에한 벌을 골라 카드를 뽑아야 한다.

참가자들은 연구진이 카드 네 벌을 미리 조작해뒀다는 사실을 알지 못한다. 카드 네 벌 중 두 벌에서는 계속 이기는 카드만 나오는 반면에 나머지 두 벌에는 보상이 높은 카드와 손실이 높은 카드가 섞여 있다. 논리적인 선택은 위험성이 높은 카드 두 벌은 피하는 것이다. 카드를 50장 정도 뽑고 나면 실험 참가자들은 위험한 카드 두 벌에서는 더 이상 카드를 뽑지 않았다. 그러나 80번째 카드를 뽑을 때쯤이 돼서야 참가자들은 그 이유를 설명할 수 있었다. 논리는 느렸다.

그러나 연구진은 실험 참가자들의 불안감을 추적했고 그 결과 카드를 10장만 뽑고서도 위험한 카드 두 벌에서 카드를 뽑을 때는 긴장도가 올라간다는 사실을 발견했다. 직관은 빨랐다.

하버드대학교 경영대학원 제럴드 잘트먼Gerald Zaltman 교수는 구매 결정의 95퍼센트가 무의식적으로 일어난다고 말한다. 그렇다면 왜 우리는 과거의 의사결정을 되돌아봤을 때 그토록 수없이 내렸던 감정적인 의사결정을 떠올릴 수 없는 것일까? 우리의 의식은 언제나 무의식적 의사결정을 정당화하는 이유를 만들어내기 때문이다.

간질 발작을 막기 위해 좌뇌와 우뇌를 연결하는 조직을 절단한 사람들을 대상으로 한 연구에서 과학자들은 우뇌에 '복도 끝에 있는 식수대에서 물을 마셔라'라는 명령을 전달했다. 명령을 전달받은 실험 참가자들이 일어나 방을 나가려고 할 때 과학자들은 반대쪽인 좌뇌에 '지금 어디 가니?'라는 질문을 전달했다. 좌뇌는 식수대에 가서 물을 마시라는 명령을 전달받지 못했다는 사실을 기억해보자. 그러나 과연 좌뇌는 질문에 대한 답을 모른다는 사실을 인정했을까? 인정하지 않았다. 대신 좌뇌는 뻔뻔하게도 '여기 너무 추워서 겉옷 가지러 나가' 같은 논리적인 이유를 위조해냈다.

따라서 과거에 내렸던 의사결정을 믿고 참고할 수 없다

면 언제 논리에 근거해 영업을 해야 하고 언제 감정에 근거해 영업을 해야 하는가?

여기 경험에 근거한 규칙이 있다. 간단한 영업은 구매자의 이성을, 복잡한 영업은 직관을 타깃으로 하라.

이를 뒷받침해주는 연구 결과를 보자. 2011년에 시행된 한 연구에서 연구진은 실험 참가자들에게 중고차 네 대 가운데 가장 상태가 좋은 차를 고르도록 했다. 각 중고차는 (연비 등) 기준에 따라 각기 다른 등급을 받았다. 그러나 그중 한 대가 명백하게 상태가 뛰어났다. 선택지가 4개밖에 없는 '쉬운' 상황에서는 의식적인 의사결정자들이 무의식적인 의사결정자들보다 최고의 중고차를 선택할 확률이 15퍼센트 더 높았다. 그러나 연구진이 상황을 더 복잡하게 만들자, 즉 선택지를 12개로 늘리자 무의식적인 의사결정자들이 의식적인 의사결정자들보다 최고의 중고차를 선택할 확률이 42퍼센트 더 높았다. 이 밖에도 많은 연구가 너무 많은 정보들이 주어질 때 우리의 의식에는 과부하가 걸린다는 사실을 입증했다.

고객이 당신의 제품에 대해 느끼는 감정에 영향을 미

치고 싶다면 원하는 감정을 **직관적으로** 불러일으키는 경험을 제공해야 한다. 고객이 복잡한 제품을 경험할 수 있는 가장 좋은 방법 가운데 하나는 타 고객의 생생한 이야기를 공유하는 것이다. 연구 결과에 따르면 이야기는 이미지, 소리, 맛, 움직임을 처리하는 뇌 영역을 활성화시킨다.[4] 이 접근법과 85장짜리 파워포인트 안에 온갖 데이터를 집어넣어 발표하는 영업 사원의 접근법을 대조해보라.

감정적인 마음을 비합리적이라고 치부해버리기보다는 다른 측면으로 생각해보자. 감정은 무의식이 내린 의사결정을 의식에게 전달하는 수단이라고 말이다.

주석

5장

1. S. Kessler, "How Snow White Helped Airbnb's Mobile Mission," *Fast Company*, November 8, 2012, http://www.fastcocreate.com/1681924/how-snow-white-helped-airbnbs-mobile-mission; N. Blecharczyk, "Visualizing the Customer Experience," Sequoia Capital, https://www.sequoiacap.com/article/visualizing-customer-experience/; A. Carr, "Inside Airbnb's Grand Hotel Plans," *Fast Company*, March 17, 2014, http://www.fastcompany.com/3027107/punk-meet-rock-airbnb-brian-chesky-chip-conley.

7장

1. R. Garner, "Post-it Note Persuasion: A Sticky Influence," and "What's In a Name? Persuasion Perhaps," *Journal of Consumer Psychology*, 2005.

8장

1. N. Cowan, "The Magical Number 4 in Short-Term Memory: A Reconsideration of Mental Storage Capacity," *Behavioral Brain Science* 24, no. 1 (February 2001): 87–114.

2. A. Bechara et al., "Insensitivity to Future Consequences

Following Damage to Human Prefrontal Cortex," *Cognition* 50, no. 1–3 (April–June 1995): 7–15.

3. M. S. Gazzaniga, "The Split Brain Revisited," *Scientific American*, July 1, 1998.

4. G. Everding, "Readers Build Vivid Mental Simulations of Narrative Situations, Brain Scans Suggest," *Medical Xpress*, January 26, 2009, https://medicalxpress.com/news/2009-01-readers-vivid-mental-simulations-narrative.html.

HOW TO LIVE & WORK

142

옮긴이 김지연

KAIST 경영과학과 졸업 후 미국 듀케인대학교 커뮤니케이션학과를 졸업했다. 다년간 번역가로 활동했으며, 현재 번역 에이전시 엔터스코리아에서 전문 번역가로 활동하고 있다.
옮긴 책으로는 『더미를 위한 밀레니얼 세대 인사관리』 『알렉산더 해밀턴』 『발견의 시대』가 있다.

KI신서 7714

HOW TO LIVE & WORK #6 영향력과 설득

1판 1쇄 인쇄 2018년 10월 12일
1판 1쇄 발행 2018년 10월 19일

지은이 닉 모건   로버트 치알디니   린다 A. 힐   켄트 라인백   존 안토나키스   마리카 펜리   수 리히티
낸시 두아르테   로버트 맥키   브론윈 프라이어   케빈 호건   마이클 D. 해리스   **옮긴이** 김지연
펴낸이 김영곤 박선영   **펴낸곳** (주)북이십일 21세기북스
콘텐츠개발1팀장 이남경   **책임편집** 김은찬
해외기획팀 임세은 장수연 이윤경
마케팅본부장 이은정
마케팅1팀 김홍선 최성환 나은경 송치헌   **마케팅2팀** 배상현 신혜진 조인선   **마케팅3팀** 한충희 최명열 김수현
디자인 어나더페이퍼   **홍보팀장** 이혜연   **제작팀** 이영민

출판등록 2000년 5월 6일 제406-2003-061호
주소 (우 10881) 경기도 파주시 회동길 201(문발동)
대표전화 031-955-2100   **팩스** 031-955-2151   **이메일** book21@book21.co.kr

(주)북이십일 경계를 허무는 콘텐츠 리더

21세기북스 채널에서 도서 정보와 다양한 영상자료, 이벤트를 만나세요!
페이스북 facebook.com/21cbooks   블로그 b.book21.com
인스타그램 instagram.com/book_twentyone   홈페이지 www.book21.com
서울대 가지 않아도 들을 수 있는 명강의! 〈서가명강〉
네이버 오디오클립, 팟빵, 팟캐스트에서 '서가명강'을 검색해보세요!

© 하버드비즈니스스쿨 출판그룹, 2018
ISBN 978-89-509-7661-3 03320